진짜 혁신교육

국회로 간 교사 이야기

진짜 혁신 교육
국회로 간 교사 이야기

1판 1쇄 발행일 2025년 12월 10일
글쓴이 강민정 펴낸곳 (주)도서출판 북멘토
펴낸이 이은아 편집 김경란, 조정우 디자인 안상준 마케팅 강보람 경영기획 이재희
출판등록 제6-800호(2006. 6. 13.)
주소 03990 서울시 마포구 월드컵북로 6길 69(연남동 567-11) IK빌딩 3층
전화 02-332-4885 팩스 02-6021-4885

- bookmentorbooks.co.kr - bookmentorbooks@hanmail.net
- bookmentorbooks__   - blog.naver.com/bookmentorbook

ⓒ 강민정 2025

※ 잘못된 책은 바꾸어 드립니다.
※ 이 책은 저작권법에 따라 보호를 받는 저작물이므로 무단 전재와 무단 복제를 금합니다.
※ 이 책의 전부 또는 일부를 쓰려면 반드시 저작권자와 출판사의 허락을 받아야 합니다.
※ 책값은 뒤표지에 있습니다.

ISBN 978-89-6319-671-8 03340

진짜 혁신 교육

국회로 간 교사 이야기

강민정 지음

추천사

재야의 교육 전문가에서
헌신의 교육 정치인으로

　선출직이나 정무직으로 공직 경험을 한 사람은 누구든지 회고록을 쓸 의무가 있다는 게 내 오랜 생각이었다. 대통령, 시도지사, 국회의원 등 선출직이 0순위지만 장차관이나 장차관급 국가기관장, 수석비서관이나 공기업사장 등 고위 임명직도 다르지 않다. 실은 직위나 직책과도 상관없다. 공직에 대한 성찰적 회고록은 많으면 많을수록 좋다. 간접적으로나마 일반시민들이 공직의 권한과 책임을 이해하고 경험함으로써 공직을 더 공직답게, 즉 국민과 공익에 복무하고 책임지는 자리로 만드는 것을 도울 수 있기 때문이다. 한마디로 성찰적 회고록을 통한 공직 경험의 민주화는 공직에 대한 환상이나 환멸 등 오해와 편견을 없애고 공직을 일반시민의 눈높이에 맞춰 투명하게 만드는 중요한 수단이다.

강민정도 같은 생각을 갖고 있었던 게 틀림없다. 그는 내가 MB 치하의 정치사법에 의해 서울 교육감직에서 강제 하차당한 후 집요하게 회고록 집필을 종용했을 뿐 아니라 적극적으로 지원했다. 내 교육감 시절 회고록 《징검다리 교육감》은 그의 독려와 지원 덕분에 제때 나올 수 있었다. 이번에는 입장이 바뀌어 내가 강민정에게 국회의원 시절의 회고록 집필을 독촉했다. 그는 본래 무소의 뿔처럼 독립심이 강한 이라 어느 날 갑자기 다 끝냈다며 추천사를 부탁했다. 반가운 마음에 원고를 한달음에 읽었다.

이 책은 교사 출신이 펴낸 최초의 본격적인 의정활동 회고록이다. 주인의 성품을 닮아 문체가 담백하고 단정하다. 자신의 생각과 경험을 그저 담담하게 풀어낼 뿐 어느 한군데 호들갑이나 흐트러짐이 없다. 한 번쯤은 슬쩍 젠체하거나 으쓱할 법도 한데 그런 구석이 전혀 없다. 오랫동안 같이 일했지만 나는 그가 아무리 대단한 공적인 일을 하고 나서도 개인적인 안목이나 역량을 자랑하거나 우쭐거리는 모습을 보지 못했다. 강민정은 공적인 기여나 성과를 조금도 사유화하지 않는 보기 드문 미덕을 가졌다. 본인이 한 일에 대해 공치사를 늘어놓거나 과장하는 법이 없을 뿐 아니라 아무리 고난도 일을 하더라도 두려워하거나 엄살을 떨지 않는다. 지금 손에 쥔 회고록 전체가 그 생생한 증거다.

강민정은 2020년 4월 '코로나 총선'을 통해 열린민주당의 교육 비례대표로 21대 국회에 진입했다. 평교사 출신 국회의원으로서는 19대 국회의 정의당 소속 정진후 의원에 이어 두 번째였으며 여성으로는 첫 번째였다. 2022년 1월 합당에 따라 강민정은 더불어민주당 소속 의원으로 신분이 변경됐다. 진반농반으로 '집권야당'이라 불렸던 열린민주당 소속 의원으로 출발해서 2022년 1월 합당 이후 정식으로 '집권여당' 민주당 소속 의원이 됐으나 불과 두 달도 안 돼 민주당 이재명 후보의 대선 패배로 '여소야대국회'의 야당 의원 신분이 되어 2년 넘게 윤석열 정권과 치열하게 싸웠다. 그러다가 22대 총선을 앞둔 2024년 3월부터 두 달 동안 민주당의 공식 위성정당인 더불어민주연합당의 사무총장으로 복무했다. 각각 서로 다른 정치 환경에서 도전적이고 다양한 경험을 쌓은 셈이다.

강민정의 국회의원 회고록을 읽어보면 그가 얼마나 많은 일을 했는지에 한 번 놀라지 않을 수 없고, 다음으로는 그 많은 일을 어떻게 해냈는지 다시 놀라지 않을 수 없다. 그는 임기 4년 내내 일복을 몰고 다녔다. 교사 출신으로서 교육상임위 일을 4년 줄곧 한 건 당연하지만 그 밖에도 국회운영위와 국회예결위에서도 2년이나 활동했다. 상임위를 하나만 맡아도 쉽지 않은데 동시에 3개를 제대로 뛰려면 정말 정신없이 일해야 한다. 무슨 일이건 잔꾀를 부리거나 설렁설렁하는 스타일이 아니라서 정말 힘들었을 게다. 그럼에도 나는 그가 한 번이라도 어려움을 내색하거나 불평하는 것을 듣지 못했는데 그게 내가 아는 강민정 스타일이다.

당직도 다양하게 경험했다. 열린민주당 최고 위원과 원내 대표, 더불어민주당 원내 부대표에 이어 위성정당인 더불어민주연합당 사무총장까지 두루 경험했다. 어디에서건 그 직책이 요구하는 바를 120% 수행하려고 정성을 다했으니 모든 자리가 그의 정치 근육과 행정 근육을 키웠을 것이다. 아니, 정치 근육을 키웠다는 말은 다소 어폐가 있다. 강민정은 민주당 의원 총회에서 의견 개진을 가장 활발하게 할뿐 아니라 민주당 의원텔방에서도 가장 많은 포스팅을 한 의원으로 소문이 자자했다. 나름대로 정치 소신과 정치 판단이 뚜렷하고 정치 감각과 정치 근육이 발달하지 않고는 그렇게 앞장설 수 없는 법이다. 이런 사실이 말해주듯 그는 전혀 초선답지 않은, 준비된 국회의원이자 정치인이었다.

강민정은 '찐' 교육 전문가로서 치밀한 자료 준비와 날카로운 정책 질의로 특히 윤석열 정부의 이주호 교육부 장관을 쩔쩔매게 만들며 교육상임위 동료 의원들에게 마땅한 존경과 찬탄을 받았다. 또 교사정치기본권 보장 입법, 사립학교법 개정, 코로나결손방지법 제정, 온종일돌봄법 제정 등 교육입법안 발의에서도 단연 독보적이었다. 서이초 사태 후속 입법에도 심혈을 기울였다. 강민정은 임기 중에 130회가 넘는 교육정책토론회를 기획, 주최했는데 그때마다 처음부터 끝까지 자리를 지키는 것으로 유명했다. 강민정은 교육정책이 학생 중심이어야 하며 그러려면 반드시 학생들 의견을 들어야 한다는 입장이 확고했다. 국정감사 역사상 최초로 고등학생에 이어 지방대학생을 국감장 증인으로 불러서 국감장의 교육위원들과 교육부장관 이하 고위관료들이 현장의 생생한 목소리를 듣게 했다.

그의 존재는 교육위 바깥에서도 못지않게 빛났다. 예를 들어 그는 2023년 무려 100명 넘는 민주당 의원이 참여한 민주당 의원 국회본청농성단을 제안하고 86일 동안 '교장샘' 역할을 맡았다. 덕분에 농성 개시 일주일 만에 민주당 주도로 국회가 이상민장관의 탄핵소추를 결의하고 86일 만에 대장동 50억 클럽 특검법과 김건희 특검법을 통과시켰다. 강민정은 일단 마음먹으면 뚝심과 투지를 누구도 못 당한다. 오죽하면 지지자가 '알고 보면 우주 최강 강민정'이라는 슬로건을 만들어 보냈을까.

그뿐 아니다. 강민정은 민주당의 민생현장지원조직 '을지로위원회' 소속 의원으로서 누구보다도 노동 인권과 장애 인권 현안에 진심이었으며 민주당의 초선 개혁파 의원 모임 '처럼회' 소속 의원으로서 누구보다도 각종 개혁 과제에 적극적이었다. 예를 들어 그는 62세 여성의 몸으로 거제의 대우조선 도크 꼭대기까지 올라가서 고공농성 중인 노동자를 위로하고 현황을 청취하는 노고를 마다하지 않았으며, 중대재해처벌법이나 노란봉투법 제정, 선거법 개정과 위성정당 문제에서 기회 있을 때마다 우렁찬 목소리를 내는 것을 주저하지 않았다.

돌이켜 보면 지역구 의원이 아니라 비례 의원이어서 허투루 쓴 시간이 없었다는 점도 강민정에게는 큰 도움이 됐다. 일찌감치 불출마 의사를 굳혔던 그는 지역구 민원이나 행사, 애경사 등에 신경 쓰지 않고 오직 국민대표, 입법, 행정 감시 등 국회의원의 고유 직무에만 유감없이 충실할 수 있었다. 그는 비례 의원으로서 신기록도 세웠다. 예를 들어 그는 2022년 대선 시기에 '대선교육유세단'을 조직해서 20일간 전국을 5천 킬로나 순회하며 교육 현장의 목소리를 청취하고 유세를 벌였다. 처음으로 직능대표 비례 의원이 대선 시기에 명실상부하게 해당 직능의 전국 대표로 활동하는 모범을 보인 셈이다.

회고록에서 밝혔듯이 강민정은 학생 중심 국회 활동, 약자를 위한 국회의원, 현장 중심 의정활동을 3대 기조로 삼고 의원 생활을 시작했다. 내가 보기에 위의 3대 기조만큼 교육정치인으로서 강민정을 잘 설명해주는 키워드가 없을 것 같다. 교육 혁신, 교육 개혁, 교육 대전환 등 어떤 말을 붙여도 이 3대 기조 위에서만 의미가 있다. 회고록을 읽다 보면 강민정이 4년 임기 내내 본인의 3대

기조를 눈물겹도록 충실하게 실천했다는 사실을 확인할 수 있다.

내가 또 하나 눈여겨본 것은 의원실의 민주적, 수평적 운영 원칙이었다. 강민정은 사실상 출범 당시 보좌진을 4년 내내 그대로 유지했다. 보좌진 모두 의원으로부터 상호적으로 평등한 존중과 배려를 느꼈다. 이는 강민정의 철저한 솔선수범이 있었기 때문이다. 그는 보좌진들이 최대한의 집단지성을 만들어낼 수 있도록 가급적 집단학습과 토론을 진행했다. 체감되는 존중과 배려, 성장으로 의원실 분위기가 좋기로 소문이 나서 보좌진 모두 자부심이 넘쳤다. 그렇지만 강민정은 어느 한구석 무른 데가 없다. 권위주의에서는 자유롭지만 솔선수범과 경청공감에서 오는 확고한 도덕적 권위는 떠나지 않는다.

회고록은 강민정이 논리와 상식의 힘을 유감없이 발휘하는 깔끔한 글쓰기를 한다는 사실과, 일반적인 교사 출신 국회의원이나 초선 비례 의원에게 기대하기 어려운 고난도 의정활동을 했다는 사실을 알려준다. 회고록은 또한 교육개발원(KEDI)과 교육과정평가원이 국회교육위가 아니라 정무위 관할이며 대학병원이 국회 보건위 관할이 아니라 교육위 관할이라는 불편한 진실을 알려준다. 나아가서 21대 국회 본회의를 통과한 법안 총 9,086건 중 국회의원들이 사전에 법안자료를 받아본 법안이 거의 없었다는 불편한 진실도 알려준다. 내가 강민정 회고록에서 가장 흥미롭게 읽은 부분이다.

    권력을 쥐여주면 사람의 진면목이 드러나기 마련이다. 강민정은 국회의원 자리에 있을 때나 국회의원 자리를 떠났을 때나 한결같은 사람이었다. 국회의원 시절에도 그에게선 지배욕이나 명예욕, 화려함이나 호사추구의 흔적을 찾아볼 수 없었다. 아니, 애당초 그런 사적 욕망이 없는 사람 같았다. 어떤 상황에서도 본인의 에고를 발동시키며 우쭐거리거나 쪼그라드는 법 없이 묵묵히 해야 할 일을 찾아 했으며 필요하다고 판단되면 앞장서기를 마다하지 않았다. 그에게 국회의원의 권력은 선한 영향력의 도구였을 뿐 사적 만족의 수단이 아니었다. 오히려 그는 늘 학생과 교사, 약자의 고통을 더 덜어주지 못해 노심초사할 뿐이었다.

    회고록이 증언하는 21대 국회의원 강민정은 공적 헌신과 책임감의 한 전범이라고 해도 무방할 것이다. 언론의 스포트라이트를 전혀 기대하지 않고 그가 공분이나 연대의 정신으로 한 일은 본회의에 상정된 수많은 법안을 몇 줄이라도 읽고 파악하기 위해 기를 쓰는 모습에서 잘 드러난다. 강민정은 국회의원이 되기 전에도 재야의 고수로 명성이 드높았지만 회고록이 보여주듯 국회의원 4년 동안 공적 차원에서 안 해본 일이 없을 만큼 내공을 더 쌓았다. 이로써 그는 교육과 정치, 사회운동을 두루 섭렵한 아주 드문 교육계 인사가 됐다. 나는 강민정이 앞으로 교육계에서 더 큰 역할을 해

주기를 기대하고 그렇게 될 것으로 믿어 의심치 않는다. 우리 사회, 특히 교육계는 그가 있음에 다행스럽고 든든하다.

곽노현(전 서울특별시 교육감)

차례

추천사　5
프롤로그　19

|1부|
21대 국회를 통해 본 현실정치 속 교육

왜 평교사 출신은 늦깎이 국회의원이 될 수밖에 없나?　35
나이 60에 초선 의원이 되다·35 / 국회 역사 72년 만의 2호 평교사 출신 국회의원·38

교육과 정치의 거리를 좁힐 수 있을까?　43
가까이하기엔 너무 먼 당신, 교육과 정치·43 / 모두의 문제지만 누구의 문제도 아닌 교육·47 / 교육이 변해야 사회도 변한다·50

현실정치 속 교육은 어떤 모습일까?　56
희귀 존재 교육 비례대표·56 / 비인기 상임위, 교육위·58 / 국회의원에게 민원인 아닌 민원인이 되는 국회의원·61 / 교육문법과 정치문법의 간극·64 / 민주정부보다 교육개혁에 더 적극적인 보수정부?·66 / 교육부 장관 이력과 전문성·70 / 국회의장 쌈짓돈이 된 특별교부금·73 / 좋은 의도가 항상 좋은 법을 만드는 것은 아니다·78 / 학교폭력 해결에는 무능하고 교육공동체 파괴엔 유능하게 된 법과 정책·81 / 교육 상임위 소관 기관 문제, 한국교육개발원과 교육과정평가원·84

··· 강민정을 말하다　87

| 2부 |
국회 교육상임위원회의 새바람이 되다

장관과 국회의원을 고개 숙이게 만든 학생 *103*

현직 교사 국회의원 보좌관 쟁취 투쟁 *108*

교사정치기본권 보장에 대한 문재인 정부 태도 *115*

전국 순회 교육현장 간담회 *119*

코로나와 학생 정신건강, 코로나 키즈에 대한 경고 *122*

김건희의 논문 표절을 공론의 장에 올리다 *128*

최초의 대선 교육유세단, '모두를 위한 교육유세단' *132*

서이초 교사 집회와 교권 4법 *135*

대표발의한 교육 관련 주요 입법 *140*

교사정치기본권 보장법·140 / 사립학교법 전면 개정안·148 / 국가교육위원회 법·151 / 아동·청소년맞춤통합지원법·155

••• 강민정을 말하다 *161*

| 3부 |
교육위 밖 여의도 이야기

의정활동 원칙 *181*

약자를 위한 국회의원, 현장 중심 의정활동·181 / 민주주의를 실천하고자 노력하는 국회의원·183/ 토론회 전 시간 참석 원칙·185

비례 초선 의원 눈에 비친 국회 *188*

감히 초선 의원이⋯ ·188 / 나를 당황하게 한 본회의 30초 표결·190 / 초선 의원 소신 표결 소동·195 / 비례 의원이 본 지역구 의원·199

아프고 힘든 사람들이 있는 곳은 어디인가? *203*

대우조선 파업에서 얻은 훈장, 흉터·205 / 민주당 을지로위원회 멤버가 되다·208 / 장애인 인권 확대 현장에 함께하다·211 / 이태원 참사 가족들 곁에 서다·214

교육위 외 겸임 상임위 활동 *218*

운영위원회 활동·218 / 예결위원회 활동·221

특별한 입법 활동 225

베트남 민간인 학살 진실규명 특별법을 발의하다·225 / 민주유공자법 통과에 앞장서다·229 / 국정원 개혁 법안을 대표발의하다·232

86일 의원 농성 교장 선생님이 되다 238

비공식 의원 모임 '처럼회' 활동 243

위성정당 선대총괄본부장이 되다 248

••• 강민정을 말하다 255

책을 마치며 272

프롤로그

'교육이 바뀌면 세상도 바뀐다.'
'민주주의는 교실에서 자란다.'
'행복하게 자란 아이들이 행복한 세상을 만든다.'
'사회적 발언 수단을 갖지 못한 아이들을 중심에 두자.'
'교육 약자와 사회적 약자의 든든한 의지처이자 동지가 되자.'

이것이 내가 21대 국회의원으로 활동하면서 스스로에게 다짐한 의정활동 모토였다.

공교육 체계가 촘촘히 짜여 작동되는 우리나라에서 교육은 국민 모두의 문제이기도 하다. 누구나 학생이거나 학생이었고, 누구나 학부모이거나 학생의 친인척이다. 더구나 오래전부터 '교육 입국'이라는 말이 회자되어 왔고, 수능 날이면 비행기 운행 시간도 직장인 출근 시간도 조정할 정도로 교육이 갖는 중요성에 전 국민이 동의와 협조를 해주는 나라에서 교육이 거의 전 국민 관심사가 되는 것은 자연스럽다.

4년간 국회 교육상임위 활동을 하고 임기를 마친 지 벌써 1년이 넘었다. 임기를 마치면서 나의 4년 국회 활동을 책으로 정리할 필요가 있다고 생각했다. 국회 입성 과정이 갑작스럽게 이루어졌던 당시 상황으로 인해 비록 내 국회의원직이 전체 교사를 대표하는 것이었다고 말하기는 어렵다. 그러나 내가 보낸 4년 의정 경험이 단순한 나 개인 경험이 아니라 50만 교사와, 교육에 관심 있는 이들의 공동 경험이 되도록 할 책임이 내게 있다고 생각했다.

사실 나도 그랬지만 정치기본권을 박탈당해 현실정치나 제도정치 세계와 완전히 단절된 채 살아야 하는 교사들은 정치적 경험을 할 기회를 갖기 어렵다. 그래서 교육계 출신으로는 드물게 국회의원 활동을 한 사람으로 국회에서 교육문제를 다루고 풀어나가는 방식이나 국회 문화와 작동 원리를 이해하고, 교사들이 이를 자신의 활동에 참고할 수 있도록 하는 일은 특별히 중요하다고 생각했다.

그동안 전교조 창립 당시와는 달리 교육문제에 관심을 가지고 이를 해결하기 위해 활동하는 다양한 주체들이 형성되어 왔다. 교사들은 말할 것도 없고, 학생·청소년, 학부모, 지역 활동가 등 이제 교육운동 저변이 많이 넓어졌다. 그래서 나의 국회 의정활동 정리는 후배 교사들뿐 아니라 교육문제 해결에 나서는 많은 이들에게도 직간접적 참고가 되리라 생각한다.

이 책에서 이야기했던 지난 4년의 국회 활동이 가능했던 것은 많은 이들의 협조와 지지, 특별한 도움 덕분이기도 했다. 4년 내내 함께 든든한 동료 역할을 했던 8명의 보좌진들과 3명의 인턴 친구들에게 무한한 감사를 드린다. 내가 지난 4년 동안 조금이라도 긍정적 평가를 받았던 부분이 있다면 그 7할은 이들 덕분이었다.

또 함께 4년을 국회 의정 파트너로 어려운 당 안팎의 난제들을 풀기 위해 머리를 맞대고, 때론 농성도 하고 토론도 하며 시간을 함께했던 21대 더불어민주당 동료 의원들에게도 특별한 감사를 드린다. 덕분에 끊임없는 자극과 학습의 시간을 가질 수 있었다.

4년 내내 멀리서, 때론 가까이서 지지와 격려를 보내주셨던 열린민주당과 더불어민주당 지지자 분들께 진심으로 감사드린다. 지지자 분들 덕분에 내 인생에서 가장 짧은 시간에 가장 많은 이들에게 관심과 애정을 듬뿍 받았던 시간이었다. 4년 동안 후원회장을 맡아 의정활동에 든든한 후원을 책임져주신 곽노현 후원회장님과 후원회 운영위원들께도 특별한 감사를 드린다.

무엇보다도, 늘 안타깝고 절박한 마음으로 단 한 명밖에 없는 교육계 출신 국회의원에게 의지해야 했던 교사노조와 단체 활동가들, 수많은 교사들과 학부모, 급식·돌봄·시설·상담·복지 등 학교 업무를 맡아 애써주시고 계신 분들께는 충분한 성과와 진전을 만들어내지 못한 채 임기를 마치게 된 것에 죄송함과 안타까운 마음을 전한다.

끝으로 의정활동 한다고 밖으로 돌면서 정신없이 4년을 보내는 동안 투석까지 하는 일상을 견디며 단 한 번도 군소리 없이 든든한 지원자가 되어 준 남편과 두 딸 덕분에 의정활동에 전념할 수 있었음을 고백한다. 세상이 좋아져야 우리 가족도 모두 행복해질 수 있다는 믿음으로 항상 응원해주는 가족들이 가장 큰 힘이 되었으니 이 자리를 빌려 감사의 마음을 전한다.

나는 왜 국회의원이 되었나?

이 책은 본문에서 내가 겪은 4년간의 국회 활동 관련 이야기들을 꽤 구체적으로 다루고 있다. 내가 교사가 되기까지, 그리고 교사가 된 뒤 국회의원이 되기까지 이야기를 간단히 나누고자 한다. 어찌 보면 '나는 왜 국회의원이 되었는가'에 관한 이야기일 수도 있겠다.

나는 박정희 시절 끝 무렵에 대학입시를 치렀다. 성실한 학생으로 12년 학교교육을 받고 성인이 된 내가 대학에 입학해 맞닥뜨린 상황은 너무나 충격적이었다. 통제사회의 공기를 막연하게 느껴왔지만, 내가 자유 없는 독재사회에서 숨 쉬고 있다는 것을 정확하게 알지 못했다. 본능적으로 '10월 유신'과 '유신헌법'은 꼭 시험에 나올 거라는 걸 감지했으나 내가 사는 나라가 통제를 넘어 국가폭력이 횡행하는 사회라는 것은 더더욱 몰랐다.

대학 입학으로 내가 받아왔던 교육이 나를 배반했다는 사실을 그 교육이 끝난 뒤에야 느낄 수 있었다. 가려진 진실이 드러나고 어른과 사회, 국가권력에 의해 기만당해 왔다는 사실이 주는 낭패감과 분노는 같은 상황이 다시는 반복되지 않도록 해야 한다는 생각을 갖게 했다. 아마도 내가 후에 교육운동에 참여하게 된 씨앗이 뿌려진 것일지도 모르겠다.

입학 첫해 맞게 된 5·18 민주화운동의 참상과 전두환 군사독재정권 출현은 80년대 많은 대학생이 그랬듯 이후 내 삶의 방향을 결정짓는 계기가 되었다. 엄혹한 80년대 대학 캠퍼스 생활은 4학년 2학기 반독재 민주화를 요구하는 학내 시위를 주도하다 구속되면서 끝이 났다. 내가 다니던 대학 역사상 최초로 구성된 여학생 시위 주동 팀이었다.

그 후 80년대가 끝나는 마지막 해까지 다양한 형태로 반독재 민주화운동에 참여했다. 그 사이, 당시에는 몰랐지만 소년공 이재명

이 다녔던 오리엔트 공장에 위장취업 노동자로 짧은 시간 다니기도 하고, 결혼 3개월 만에 수배되어 2년이나 가족들과 떨어져 지내야 하기도 했다. 용케 수배 생활을 마친 나는 첫아이를 낳고 구속으로 마치지 못했던 대학에 복학해 졸업했다.

92년 임용고사를 통과해 사범대에 입학한 지 12년 만에 중학교 교사로 교단에 서게 되었다. 교사로 발령받아 학교에 부임한 첫날 충격을 잊을 수가 없다. 학교 발령 통보를 받고 어떤 역사 교사가 될 것인가, 수업을 어떻게 준비하고 진행할 것인가, 좋은 교사가 되기 위해 무엇을 해야 할 것인가를 잔뜩 고민하고 간 학교에서 나는 수업에 관한 어떤 이야기도 듣지 못하고 단지 연구부 00계 자리로 안내받아 내가 처리해야 할 업무를 들었을 뿐이다.

내가 받은 업무는 심지어 하나가 아니라 세 가지나 되었다. 학교가 교육 중심으로 돌아가는 것이 아니라 온갖 행정업무 중심으로 돌아가는 곳이라는 것을 알게 되는 데는 하루면 충분했다. 학교는 막 발령받아 온 신규 교사에게 수업을 어떻게 해야 잘할 수 있는지와 같은 이야기는 전혀 하지 않았다. 그건 그냥 교사 개인에게 전적으로 맡겨진 일이었다.

그래도 매일 수업 시간과 복도에서 만나는 아이들은 생생하게 살아 있는 무한한 가능성 그 자체였다. 나는 아이들이 참여할 수 있는 교육, 질문을 자유롭게 할 수 있는 교육을 해야 한다고 생각했다. 그래서 일명 '왜 수업'을 진행했다. 수업 시간에 질문하면 사탕을 나눠주고, 나중에 수행평가가 도입되었을 때는 수행평가에도 반영하는 것이었다. 초보 교사의 어설프기 짝이 없는 참여형 수업이었다.

담임을 맡게 되면 꼭 지키는 스스로 정한 수칙이 있었다. '첫째, 아이들과 만난 후 가급적 둘째 날부터는 아이들 이름을 불러준다. 둘째, 최소 1년에 한 번 이상 학급 야영을 해 아이들에게 추억을 만들어준다. 셋째, 매달 월례 학급통신을 통해 학부모와 소통한다.'는 것이었다. 유능하고 훌륭한 교사가 되지는 못했지만, 고민하고 노력하는 교사가 되려는 마음은 늘 잊지 않고자 했다.

그런데 이런 마음은 결코 나 혼자만의 것이 아니다. 담당 교과목과 나이를 불문하고 모든 교사의 마음속에는 '좋은 교사가 되고 싶다'는 마음의 씨앗이 심겨 있다. 실은 학교에서 근무하는 교사 외 직원들 역시 '우리 학교 아이들이 좋은 교육을 받을 수 있도록 돕고 싶다'는 마음을 모두 가지고 있다. 이 마음들이 잘 발현될 수 있도록 하는 것이 바로 학교장, 교육감, 교육부 장관의 일이어야 했지만 현실은 그 반대인 경우가 많았다.

내가 발령받은 때에는 전교조 창립으로 1,500명이 넘는 교사들이 해직된 상태였고, 많은 교사들은 그들이 고민하며 싸웠던 참교육 정신을 지키는 것이 현장에 있는 우리 몫이라는 부채 의식을 가질 수밖에 없었다. 자연스럽게 교육현장에서 발생하는 비교육적 문제들에 관심을 갖고 해결하기 위해 나서지 않을 수 없었다. 체벌이 일상화되었고, 학교장이 수업 내용을 감시하고 개입하는 일도 자연스러운 시절이었기 때문이다.

교사의 교육 전문성이나 자율성이 설 자리는 없었고, 민주적인 관계나 문화와는 거리가 먼 학교 운영이 당연하게 받아들여졌다. 교육부, 교육청의 교육정책은 수시로 바뀌었지만, 학교교육을 개선하는 것과는 반대 방향인 경우가 많았다. 전교조 교사만이 아니라 많은 교사가 이런 교육 현실을 바꾸고 개선해야 한다고 생각했다. 그러나 그 길은 더디기만 했다.

교직 20년 만에 처음으로 교사인 것이 자랑스럽고 행복한 일이라 느낄 수 있는 시간이 왔다. 서울 최초로 진보 교육감이 당선되고 2011년에 시작된 혁신학교 때문이었다. 동료 교사들과 머리를 맞대고 더 좋은 수업, 더 좋은 교육을 고민하고 실천하는 것이 가능해졌다. 현 제도 내에서 최대한의 자율성과 특별 예산이 지원되었기 때문이다.

아이들은 우리가 주는 물과 거름을 양분 삼아 자라는 나무 같은 존재라는 것을 확인하는 시간이었다. 아이들이 변화하고, 처음에 불안해하던 학부모들도 아이들 변화와 적극 소통하려는 학교 모습을 보면서 곧 적극적인 지지자로 마음을 모아 주었다. 20년 동안 조금씩 무너져갔던 교사로서의 자긍심이 되살아났다. 처음 하는 일이라 교사들 간 갈등과 고민도 적지 않았다.

그러나 갈등과 고민은 그 존재 자체가 문제가 아니라 '어떻게 풀고 해결해나가는가'가 문제다. 우리는 최대한 서로 존중하고 소통하며 갈등을 민주적으로 풀어나가는 것을 배웠다. 그러나 혁신학교 정책으로 학교 안에 새로운 변화를 만들어낼 수 있었지만 그것으로 충분하지 않았다. 학교 내 혁신은 필요조건이지 충분조건은 아니기 때문이다. 학교를 규정하고 움직이는 외부적 힘, 교육청·교육부 정책과 법·제도들이 만든 한계는 여전했다.

결국 혁신학교에서 확인했던 변화를 더 많은 학교로 확산하는 일을 하겠다는 마음으로 교육청에서 파견교사, 정책연구 교사로 활동하게 되면서 내 활동 방식과 영역이 바뀌게 되었다. 교육청 일이 교육부와 직·간접적으로 연결되는지라 자연스레 교육부 관련 업무로까지 활동 영역이 넓어졌다. 수많은 교사들과, 교육을 걱정하는 수많은 시민들을 만날 수 있었다.

파견 기간이 끝나고 나는 학교로 되돌아가는 대신 학교 밖에서 학교교육을 지원하는 일을 더 적극적으로 해야겠다고 생각했다. 2017년 학교 밖 활동을 본격적으로 하기 위해 24년 6개월 교직 생활을 끝내고 사단법인 징검다리교육공동체라는 교육 시민단체에서 활동하게 되었다. 아마도 이때 내가 명예퇴직을 하지 않았다면

2020년 국회에 들어가는 일은 원천적으로 불가능했을 것이다.

교직을 그만두고 시민단체 활동을 했지만 여전히 현실정치의 벽은 높았다. 시민단체는 제도정치권에 대해 비판하고, 개선을 촉구하고, 때로는 구체적인 요구를 주 활동으로 한다. 그러나 교사로서, 교육청 파견교사로서, 교육 시민단체 활동가로서 일을 하면 할수록 법·제도와 정책 결정권을 갖는 정치의 변화 필요성은 더 커질 수밖에 없었다.

교육예산, 교육제도, 교육 관련 법, 교육정책 등이 모두 제도정치권에서 결정되며, 더 근본적으로는 교육문제와 긴밀하게 혹은 복합적으로 얽혀 있는 사회 각 분야와의 관계를 풀지 않으면 해결이 어려운 문제도 많기 때문이다. 교육을 위해 정치가 필요하며, 정치를 통하면서도 교육적이어야 하는 길을 찾아내야 한다.

이런 막연하지만 정리되지 않은 생각들은 현실정치 세계와 완전히 분리되어 경험도 학습도 할 수 없는 교사 혹은 교사 출신들에게는 추상의 세계에 머물러 있을 수밖에 없다. 그런데 우여곡절 끝에 마침내 내게 이 추상의 세계에 머물러 있던 생각들이 현실의 옷을 입고 다가와 그 실체를 갖게 되었다.

정치권에서는 늘 후순위로 밀리는 교육문제를 정치 영역으로 과감하게 초대한 것은 열린민주당 창당 주체들의 교육 중요성에 대한 문제 인식이 있었기 때문이다. 개인적으로 전혀 계획한 바 아니었으나 단지 선거 출마가 불가한 현직 교사가 아니라는 이유로, 비례 여성할당제가 필요로 하는 여성이라는 이유로 교육계 국회의원 후보의 문이 어쩌다 내게 열렸다.

이제 독자들도 그 문을 열고 들어가 교사 출신 국회의원의 의정활동 이야기를 함께 따라가 주시면 감사하겠다. 교사 출신 초보 정치인 이야기가 현실정치에 대한 이해가 깊어지는 데 도움이 되고, 현실정치 속에서 교육문제 해결의 작은 단초라도 찾을 수 있게 한다면 책을 쓴 저자로서 큰 보람을 선물받을 수 있을 것 같다.

여고 시절 친구들과 함께(맨 뒷줄이 강민정)

1980년 대학교 1학년 때(맨 오른쪽이 강민정)

대학교 2학년 때(1981년)

뒤늦은 대학 졸업식 때 첫딸과 함께

두 딸과 함께

1부

21대 국회를 통해 본 현실정치 속 교육

교육과 정치라니?
교육에서 정치를 말하는 것은 큰일 날 일이며
심지어 불온한 일로 여겨지는 현실에서
어찌 교육 얘기를 한다며 다짜고짜 정치를
끄집어낸단 말인가.
그러나 당연하다고 생각되어지는 바로 그 생각 때문에
우리 교육의 많은 문제가 비롯되었다.

정말 그런가?
이제부터 그 이야기를 하나씩 풀어가본다.

왜 평교사 출신은
늦깎이 국회의원이 될 수밖에 없나?

나이 60에 초선 의원이 되다

나는 2020년 4월15일 21대 총선에서 당선되어 국회의원이 되었다. 내 나이 60이 다 된 때였다. 우리 국회에서 드물게 70이나 80세 넘은 의원들이 간혹 있지만 나이 60에 초선 의원은 그리 흔치 않은 일이다. 그런데 이런 상황은 나의 선택이 아닌 우리 입법 환경에 의해 강제된 측면이 크다. 왜냐하면 교사들은 정치기본권이 철저하게 박탈되어 교직에 몸담고 있는 한 정당이나 선거판에는 얼씬도 할 수 없기 때문이다. 당연히 제도정치권은 교사의 삶에서 거세된 영역이다.

국회의원 선거는커녕 교육감 선거조차 근처에도 갈 수 없다.

출마는 물론 교육감 후보 공약에 조언도 참여도 할 수 없다. 교육감은 정당 소속이 아니어야 한다는 법적 강제조항이 있는데도 정당 선거와 동일한 잣대가 적용된다. 무엇보다 교육감 일이라는 게 다 교육현장과 관련된 정책을 다루는 일인데 그 정책을 실행할 직접 당사자이면서 현장을 가장 잘 아는 교사들은 눈 감고 입 막은 채 그저 멀리서 지켜만 봐야 한다.

그래서 교사들이 정치 세계에 진입하는 것은 '어느 날 갑자기, 뜬금없이' 일어나는 일이 될 수밖에 없다. 당연히 정치의 세계에서는 전혀 인지도 없는 '갑툭튀' 인물이 되는 것은 어쩔 수 없다. 25년 가까이 교사로, 교육운동 활동가로 활동해왔지만 나와 함께 열린민주당 후보로 공천받아 의원이 된 김진애, 최강욱 의원에 비해 나 역시 '갑툭튀' 후보일 수밖에 없었다.

교직에 있는 한 정치를 멀리하고, 제도정치권 경험 자체가 원천 차단된 채 살아야 하는 교사들은 40~50대에 정치 입문하는 것이 거의 불가능하다. 교사들은 정당이나 선거에 일체 관여할 수 없기 때문이기도 하지만, 선거에 출마하려면 무조건 교직을 그만두어야 하기 때문이다.

선거라는 게 수많은 경쟁자 속에서 경선을 치르고, 최종 당선되어야만 공직 진입이 가능하니 결과가 불확실한데 돌아갈 다리를 불사르는 결정을 하는 것이 현직 교사들에게는 쉽지 않은 일이다.

교수들은 출마 시가 아니라 당선 후 사직을 하게 되어 있다. 출마 진입장벽이 높으니 교사들이 엄두를 못 내는 것은 당연하다.

교사에게 강제된 이런 환경은 정치 경험이 없다는 것에서 멈추지 않고, 정치에 관심을 갖지 않고 사는 일을 자연스럽게 만든다. 탈정치화가 내면화되는 것이다. 25년 교직 생활을 한 내게도 어떤 식으로든 영향을 끼쳤을 수밖에 없다. 그러니 나는 초선 국회의원이라는 것으로는 설명이 부족한 완전 초짜 정치인이었다.

솔직히 말하면 내가 열린민주당 공천 후보로 이름을 올릴 때, 나와 같이 당선된 김진애 의원과 최강욱 의원에 대해 교유관계는커녕 거의 아는 바가 없었다. 교사 중에서는 나름 교육운동을 평생 했고, 사회문제에 관심이 많은 편에 속하는데도 그랬다. 두 의원 모두 TV나 신문 기사를 통해 간접적으로 아는 정도에 불과했다. 정치 세계는 멀리해야 한다는 교사 계명을 잘 지킨 결과라 할 수 있다.

정당 문화와 정치 문법에 대한 이해는커녕 정치인에 대한 어떤 정보도 없는 상태로 정치 세계로 뛰어든 셈이다. 아무리 평균연령이 늘어나 노인 연령 기준을 70세로 높이자는 이야기가 나오고 있어도, 나이 60에 정치 입문을 하는 것은 많은 구조적 제약을 가질 수밖에 없다. 내가 국회에 들어갔을 때, 민주당 당 대표급 중진 의원으로 불리던 송영길 의원이나 우상호 의원 등도 나이가 나와 비슷하거나 나보다 젊었다.

22대 국회에는 초등교사 출신 39세 젊은 국회의원이 당선되었다. 내가 4년 내내 기회 있을 때마다 교사정치기본권 노래를 부르고 다녔던 것도 아주 조금의 영향을 끼쳤겠지만, 이는 거의 전적으로 '서이초 사태'로 교사 집단의 존재감이 강력하게 확인된 결과라 할 수 있다.

2023년 여름부터 가을까지 한여름 땡볕도, 쏟아지는 빗줄기도 아랑곳없이 매주 토요일 연 인원 80만이 넘는 교사들이 국회 앞에서 검은 점의 물결을 만들었다. 사회적으로는 물론 정치권에도 교사 집단의 존재에 대해 커다란 각인 효과를 만들어냈다. 비로소 정치권은 교사 집단을 정치적 세력으로 인식하기 시작했다.

국회 역사 72년 만의 2호 평교사 출신 국회의원

평교사 출신 1호 국회의원은 19대 국회 정진후 의원이었다. 전교조 위원장 출신인 정 의원은 정의당 비례대표 의원으로 국회에 입성했다. 물론 70년 넘은 국회 역사에서 전직 교사였던 의원이 없었던 것은 아니다. 그러나 국회는 국민대표 기관이고, 그런 의미에서 직업으로 교사였다는 의미가 아니라, 교육운동을 하며 교육계 몫으로 국회에 진출한다는 기준에서 그렇다는 뜻이다.

21대 국회까지 민주당에는 교사 출신 국회의원이 없었다. 전교조 해직 교사 출신이어서 교육현장을 잘 아는 도종환 의원이 있었지만 시인이기도 했던 도 의원은 문화예술계 인사 정체성으로 국회 입성한 케이스다. 교육문제의 맥락을 정확히 짚으면서 21대 후반기 교육위 활동을 하셨지만, 도종환 의원은 문재인 정부에서 교육부 장관이 아니라 문체부 장관으로 임명되어 복무하셨다.

넓은 의미에서 교육계 출신이라 할 수 있는 교수 출신 국회의원은 비교적 많은 편이다. 그러나 교수 출신 의원의 경우 교육정책이나 교육제도, 교육 관련 법에 대한 관심과 소명 의식보다 자기 전공과 관련된 활동을 염두에 두고 국회 진출한 경우가 대부분이라 할 수 있다. 교사와 달리 다양한 전공에다 직업 이동 유연성이 큰 교수들은 사회 여러 영역 진출이 비교적 자유롭고 활발하다.

당사자 개인 차원에서 뿐 아니라 교수 출신에 대한 정당의 일반적인 역할 기대도 교육자로서 경험보다 전문 연구자로서의 경험에 주목한다는 점에서 다르지 않다. 연구로 획득된 전문성을 살린 효율적 역할 분담이라는 차원에서 당연한 일이기도 하다. 한마디로 교수 출신 국회의원은 교육 경험이 있지만 교육자로서의 정체성보다 연구자 혹은 전문가 정체성이 더 강하다.

엄밀한 의미에서 21대 국회의원이었던 나도 민주당 의원으로 국회에 들어간 케이스가 아니다. 너무나 '우연하게도' 열린민주당 창당 멤버 중에서 후보군을 선정할 때 교사 출신, 그것도 평교사 출신도 포함시켜야 한다는 제안을 했기 때문에 내가 열린민주당 후보군에 들어가게 됐다. 그 결과 나는 정진후 의원에 이은 제2호 평교사 출신 국회의원이 되었다.

2021년 말 열린민주당과 더불어민주당 합당이 추진되면서 나는 자동으로 민주당 1호 평교사 출신 의원이 되었다. 그것도 엄밀히 말한다면 0.5 정도의 반만 민주당 의원인 셈이다. 민주당이 공천하지는 않았으나 민주당 의원이 된 교사 출신 의원. 실제 나는 임기 전반기는 열린민주당, 후반기는 더불어민주당 의원으로 활동했다.

법의 족쇄로 인해 수십 년 동안 교사들은 정치의 세계에서 투명인간 같은 존재였고, 그나마 정치인들에게 인식되는 교사라는 존재는 교육을 잘해보겠다고 외치던 전교조 교사가 전부였다. 창립 초기 전교조가 끼친 사회적 파장은 강력한 것이었지만, 박근혜 정부와 문재인 정부에 걸쳐 7년여 동안 법외노조 싸움으로 조직 자체 존립에 매달려야 했던 전교조는 그 조직력도 사회적 영향력도 급격히 위축될 수밖에 없었다.

거의 유일한 대규모 교사조직이었던 전교조, 교육정책이나 교육현장 문제에 대해 가장 강력한 사회적 발언을 하던 전교조의 위축은 정치권에서 교육계에 대한 관심과 인식을 높일 기회를 갖는 것을 어렵게 했다. 해결해야 할 일이 차고 넘치는 세상에서 당사자들이 목소리를 제대로 내지 않거나 내지 못하면 정치권이 나서 게 하거나 사회의제화 시키는 일이 쉽지 않다.

우리 사회에서 '교육의 정치적 중립'이라는 말은 교사가 정치를 하지 않아야 한다는 말과 등치되었다. 정치권 내에서도 교사는 그 활동이 교육계에 국한되어야 한다는 생각에 이의를 제기하는 사람이 거의 없었다. 교육문제 해결을 위해 열심이었던 교사 스스로도 막연한 문제의식만 있을 뿐 정치적 진출에 소극적이었다.

'정치에 대해서는 신경 꺼'라고 외치는 세상에 적응하기를 강요받는 교사들은 자연스럽게 탈 정치적 존재가 될 수밖에 없다. 심지어 정치 이야기를 하지 않는 게 교사의 미덕이 된다. 더구나 우리나라같이 정치 혐오나 정치 악마화가 광범위하게 유포되어 있던 세상에서는 더욱 그렇다.

그러나 세상에 정치적이지 않은 게 무엇이 있으랴. 대학입시도, 징병제로 한국 남자는 모두 군에 입대해야 하는 것도, 취업문제도, 세금문제도, 집값이 오르는 것도, 심지어 동네에 도로가 뚫리고 다리가 놓이고 공원이 생기는 일도 모두 정치의 결과다.

교육문제 해결을 위해 나섰던 이들도 결국 정치로 풀어야 한다는 인식에 도달하지만 법과 제도는 교육과 정치 사이에 넘을 수 없는 높은 장벽을 세워놓았을 뿐이다. 교육계는 어떤 정치적 의사결정 과정에도 참여하지 못한 채 늘 사후적으로 비판하고, 요구만 하는 자리에 서게 된다.

　오랜 교육운동을 했던 이들이 나서서 연동형 비례제 선거법이 처음 적용되는 21대 총선 직전 '교육당'이라도 만들어보자는 시도가 있었지만 유야무야되었다. 사실상 두 거대 정당 중심 양당제가 오랫동안 고착되어 있는 우리 정치현실에서 어느 정당도 교육계에 문호를 개방해야 한다는 생각을 하지 않는 상황에서는 답이 없었다.

　교사 출신 1호 의원 문을 열었던 정의당은 소수당으로 전락해 입지가 좁아지더니 원외정당이 되었고, 개혁신당을 제외하고 지금 1인 당이나 3~4인 당으로 활동하는 소수당조차 민주당과 연대한 위성정당을 통해 그 원내 입지가 확보된 현실이니 교육당이 설 자리는 없었다.

교육과 정치의 거리를
좁힐 수 있을까?

가까이하기엔 너무 먼 당신, 교육과 정치

국회에 있어 보니 국회는 우리나라 모든 영역, 모든 지역에서 발생한 문제들이 총집결되는 곳이다. 공간적으로만이 아니라 시간적으로도 그렇다. 제주 4·3 사건 진상규명이나 5·18 특별법 제정처럼 과거에 해결되지 못해 현재 고통이 되고 있는 일들을 다루는 것도 국회의 일이다.

국회가 나서야 할 일은 너무 많다. 첨예한 갈등이 되는 사회적 쟁점 사안은 물론, 어디에서도 도움받지 못한 채 마치 당장 피고름이 뚝뚝 떨어지는 듯한 절박한 문제를 안고 오는 사회적 약자들이 국회 문을 두드린다. 국회는 이들의 손을 잡고 그 해결에 나서주어야 한다.

　그런데 국회는 이런 현안들만을 다루는 곳이 아니다. 비록 당장 쟁점이 되고 있지 않지만, 우리 사회 발전을 위해 거시적 관점에서 필요한 과제들을 도출하고 해결하는 일이나 전 지구적 관점에서 요구되는 시대적 과제를 해결하는 일에도 나서야 한다.

　개헌이 그 가장 대표적인 것이지만 정치제도나 사법제도, 복지제도나 교육제도, 기후 위기 대응이나 한반도 평화체제 구축, 국제 평화와 인권 증진과 같은 문제들에 대한 국가 차원 해법도 마련해야 한다. 이런 일들을 해결하라고 헌법은 국회에 입법권, 예·결산 심의권, 국정감사권 등을 부여했다.

　현안 관련 입법 자체가 새로운 제도나 정책을 강제하는 것이라 사회구조의 부분조정이나 개선을 도모하는 효과가 있다. 그러나 입법부로서 국가 운영의 일부를 담당하는 국회와 국회 운영 기본단위인 정당은 당장의 현안뿐 아니라 사회 전체에 대한 구조적 인식과 더불어 사회 발전에 대한 비전과 로드맵을 가지고 있어야 한다.

　그러나 안타깝게도 교육문제와 관련해서만 말하자면 우리 정치권은 교육문제에 대한 구조적 인식이 지나치게 결여되어 있다. 당연히 교육문제에 대한 정치권 대응은 일관되게 '사건성' 대응에 머물 수밖에 없게 된다. 그래서 정치권이 다루는 교육문제는 중장기적 전망 속에 수립되는 정책 대신 주로 현안 해결에 집중된다.

예를 들면 서이초 사건, 특성화고 현장실습 중 발생한 학생 사망 사건, 조국 자녀 입시 문제, 김건희 논문 표절 문제, 대형 사학 비리 문제 등 주로 사회적 이목이 집중되는 사건들이 다뤄진다. 이들 개별 사건에 수동적으로 대응하는 수준이었고, 그마저도 교육적 관점에서 법·제도 개선책을 마련하기보다 대증요법적 대책으로 끝나는 경우가 많았다.

그 결과 매 사건에 대한 처방은 일회적이거나 일면적이어서 전체 법체계 안에서 서로 충돌하기도 하며, 무엇보다 헌법 제31조[1]와 교육기본법 제2조[2]에 부합하지 않는 과정이 지속되었다. 정치권 대책이 쌓이면 쌓일수록 문제는 해결에서 멀어지고 문제에 문제가 덧쌓이게 되었다. 오늘날 총체적 교육대란의 주요 원인 중 하나다.

---

1) 제31조 ① 모든 국민은 능력에 따라 균등하게 교육을 받을 권리를 가진다.
   ② 모든 국민은 그 보호하는 자녀에게 적어도 초등교육과 법률이 정하는 교육을 받게 할 의무를 진다.
   ③ 의무교육은 무상으로 한다.
   ④ *교육의 자주성·전문성·정치적 중립성 및 대학의 자율성은 법률이 정하는 바에 의하여 보장된다.*
   ⑤ 국가는 평생교육을 진흥하여야 한다.
   ⑥ 학교교육 및 평생교육을 포함한 교육제도와 그 운영, 교육재정 및 교원의 지위에 관한 기본적인 사항은 법률로 정한다.
2) 제2조(교육이념) *교육은 홍익인간(弘益人間)의 이념 아래 모든 국민으로 하여금 인격을 도야(陶冶)하고 자주적 생활능력과 민주시민으로서 필요한 자질을 갖추게 함으로써 인간다운 삶을 영위하게 하고 민주국가의 발전과 인류공영(人類共榮)의 이상을 실현하는 데에 이바지하게 함을 목적으로 한다.*

정치권의 교육문제 대응에서 나타나는 이런 한계는 왜 나타나는 것일까. 더 근본적인 분석이 필요하지만, 구조적 한계로부터 야기되는 원인을 찾아보면 다음 두 가지를 언급하지 않을 수 없다. 첫째는 앞서 얘기한 것처럼 교사정치기본권을 원천 차단한 결과 교사들의 정치권 진입이 사실상 봉쇄되어 왔다는 점, 그래서 정치와 교육은 오로지 사건을 매개로 만나왔다는 점이다.

교육현장 경험과 교육 전문성을 가진 교사들이 일체 배제된 정치 구조에서는 교육계에서 발생한 사건성 문제를 다룰 때조차 개별사건들 이면의 구조적 문제까지 들어가지 못하는 경우가 많다. 교육제도나 정책을 교육적 관점에서 깊이 들여다보는 것도 결코 쉬운 일은 아니다. 적어도 교육문제를 다루는 경우만이라도 교육 전문성을 어느 정도 갖춘 이들이 포함되는 것은 아이들을 위해서도 너무나 필요한 일이다. 그래야 시행착오를 줄일 수 있다.

두 번째 이유는 교사들의 집단적 의사표현조차 법으로 제한하고 있어 일반 여타 노조나 사회 각 영역 이해 당사자들의 집단적 의사표현과는 비교할 수 없을 만큼 그 목소리가 작아 정치권에 가닿기 어려울 수밖에 없다는 점이다. 전국에 50만 교사들이 있지만 교사의 집단적 의사가 의미 있게 정치권과 사회 전체에 전달되기 어려운 제도적 여건이다.

국회에서 다루는 많은 일들은 사회 각 분야 이해 당사자들이 다양한 형태로 문제 제기하고 문제 해결을 요구하는 목소리가 전달되면서 의제화되는 경우가 많다. 입법이나 감사 권한은 국회에 있지만 실은 국회와 국민 간 소통과 협력 속에 이루어지고, 그럴 때 입법도 감사도 더 강력한 힘을 발휘하게 된다. 이 점에서 교사의 집단적 의사표현 자유를 제도적으로 막고 있는 현실은 국회와 교육현장 사이 거리를 멀어지게 한다.

모두의 문제지만 누구의 문제도 아닌 교육

대한민국 국민이면 누구나 최소 12년 공교육을 받는다. 누구에게나 학창 시절이 있고, 그래서 학교와 교육을 꽤 안다고 생각한다. 나이가 들면 자녀들을 학교에 보내는 학부모가 된다. 이제 자신의 학창 시절 경험에 학부모 경험까지 더해지면 다들 웬만한 교육 전문가가 되었다는 착각에 빠진다. 이런 착각에는 일면 진실이 포함되어 있기는 하다.

그러나 일면의 진실일 뿐이다. 우리가 '교육'이라고 말할 때는 '어떤 사람으로 성장하게 할 것인가(교육 목적)'와 '사람은 어떻게 성장하는가(교육 방법)'을 그 핵심으로 한다. 교육을 한다는 것은 인간과 사람의 성장 기제에 대한 전문적 이해를 요구받는다. 이 일을 전문적으로 담당하라고 국가는 교사를 양성하고, 세금을 들여 학교를 운영한다.

우리 헌법 130개 조항 중 '자주성, 전문성, 정치중립성 보장'을 명령하고 있는 유일한 영역이 교육이다. 교육은 사람의 지적, 정서적 성장을 돕는 일이며, 가치관 형성과 관련된 '특별한' 일임을 헌법제(개)정자들이 인식한 결과라 할 수 있다. 교육은 사람 그 자체를 다루는 일이며 결과보다 과정이 중요한 일이다.

인간을 수단이나 대상으로 보지 않고 그 자체로 목적이자 주체로 보아야 할 일이 교육이다. 교육은 상품을 찍어내는 일이 아니다. 적어도 우리가 공교육이라 부르는 유·초·중등교육은 의사나 엔지니어, 유능한 과학자나 예술가 그 자체를 길러내는 것을 목적으로 하지 않는다.

그 어떤 사회적 지위에 있더라도, 그 어떤 직업을 갖게 되더라도 누구나 갖추어야 할 기본 소양을 갖출 수 있도록 하는 일이 공교육이다. 교육은 다른 국가 사무와 달리 input-output 논리에 따른 계량적 접근을 해서는 안 되는 일이다. 얼마나 많은 학생들을 소위 명문대에 보냈는지, 얼마나 많은 학생들이 소위 좋은 직업을 갖게 됐는지를 교육성과지표로 삼을 수 없는 일이다.

이런 관점에서 볼 때, 김대중 정부 시절 교육부를 교육인적자원부로 개칭했던 것은 교육 본질과 한참 먼 교육관을 드러낸다. 비록 이후 정부들이 교육인적자원부라는 명칭을 계속 사용하지는 않았지만 기본적 교육관은 큰 차이가 없었다. 교육은 사회가 필요로 하는 인적자원을 양성하여 공급하는 일이라는 교육관이 그것이다.

이런 교육관은 교육의 자주성, 전문성, 정치중립성 보장을 명령한 헌법정신을 몰각한 것이라 할 수 있다. 국가적 필요를 충족하기 위한 수단으로 교육을 인식하는 순간 자연스럽게 교육의 자주성과 전문성, 정치중립성을 훼손하게 된다. 교육은 정치적 목적을 갖는 특정 정치 세력의 수단이 되고, 교육과정 속에 실현되어야 할 전문성은 특정 목적 실현을 위한 도구로 기능하게 되어 왜곡된다.

경제발전계획을 달성하며 군사독재체제를 유지해야 했던 시절 교육은 작업 매뉴얼을 읽을 수 있는 기초 문해력과 국가주의를 내면화하는 국민교육헌장 외기 같은 것이 중요해진다. 신자유주의에 포획된 정권하의 교육은 경쟁과 효율을 앞세워 속도와 결과가 중요해진다.

정해진 것을 시키는 대로 하기만 하는 것은 교육이 아니라 훈련이나 조련이다. 군사독재 시절 교육은 이 틀 안에서 이루어졌다. 속도와 결과를 중시하는 교육은 인간과 세계에 대해 다면적이고 입체적으로 이해하는 과정을 기다려주지 않는다. 실수나 실패를 통해 성장하는 과정을 허용하지 않는다.

교육 전문성이란 인간과 세계에 대해 단순한 지식과 정보를 취득하는 단선적 이해가 아니라 다양한 측면에서 탐구하고 이해하도록 돕는 일이며, 작은 각성들이 일어나는 과정을 설계하고 운영함으로써 성장하도록 하는 일이다. 실수나 실패에 직면해 주저앉지 않고 그것을 극복하도록 함으로써 변화와 성장이 일어나도록 하는 일이다.

공공적 방식으로 이러한 성장을 지원하고 도모하는 일이 공교육임을 충분히 인식하지 못한 정치권은 자신의 학창 시절 혹은 학부모로서의 경험에 갇혀 있거나 아니면 교육을 쉽게 인적자원 조달 수단으로 보게 된다. 교육 전문성이 국회와 정당에 수혈되지 않음으로써 교육과 정치는 멀어질 수밖에 없고, 교육은 정치권에는 다루긴 해야 하나 다루기 어려운 뜨거운 감자가 된다.

교육이 변해야 사회도 변한다

교육관만이 문제는 아니다. 사회를 이끌어가는 지도층, 특히 정치권 인물들은 사회변화와 발전 기제에 대한 이해를 필수적으로 요구받는다. 조소앙 선생은 나라를 빼앗겨 목숨을 걸고 독립운동 하던 시절, 나라를 되찾고 우리가 만들 세상이 '정치, 경제, 교육' 균등세상이라 외쳤다. 삼균주의가 그것이다.

왜 그 절박한 국권피탈 상황 속에서도 국방이나 안보가 아니라 정치, 경제와 나란히 교육의 중요성을 강조했을까. 정치는 국가

존립과 민주주의 원리로 작동하는 사회를 위해, 경제는 국민 삶의 질을 보장하고 향상시키기 위해, 교육은 사회 구성원 각 개인의 건강한 성장과 그 성장에 기초한 건강한 정치, 경제를 가능하게 하기 위한 기본 요소라는 인식이 전제되어 있었기 때문이다.

그런데 해방 후 온전히 우리 스스로 새로운 나라를 만들어나갈 여건을 맞이하지 못하게 되면서 우리 사회는 수많은 도전을 헤쳐 나와야 했다. 분단, 전쟁, 쿠데타와 군사독재, 그리고 신자유주의 정권을 거치며 반복되는 민주주의 위기 극복, 빈곤 퇴치와 추격경제 논리에 모든 것이 종속되는 시간이 지속되었다.

이런 역사는 교육을 국가주의에 복속시키거나 경제논리에 종속시키는 것을 암암리에 합리화하는 배경이 되었다. 정치인들의 교육에 대한 인식 역시 이 틀 안에서 벗어날 수 없었다. 독립운동을 했던 이들이 주창한 삼균주의는 흐릿해지고, 교육이 국가발전 토대라는 인식 대신 그때그때 집권 세력의 정치목적 달성의 단기적 수단으로 인식되었다.

독립과 동시에 새로운 국가를 다시 건설해야 하는 비슷한 여건의 나라들 중에서는 그래도 특별히 교육을 강조하고, 교육에 많은 투자를 했다고 해도 달라지지 않는다. 오히려 어쩌면 '교육입국'이라는 말이 한편에서는 교육의 중요성을 강조하는 말이지만, 다른 한편에서는 교육의 도구화 논리를 강화하는 말이기도 하다.

헌법에서 권리이자 동시에 의무로 규정된 교육과 노동은 국민 각 개인이 누려야 할 보편적 기본권으로서의 성격과 함께 사회 발전의 중요한 요소로서 교육과 노동의 의미를 분명히 밝힌 것이다. 노동이 경제발전의 핵심 요소라면, '자주성, 전문성, 정치중립성'을 보장받으며 운영되어야 할 교육은 사회 각 분야 수준을 결정짓는 토대로서 그 중요성을 갖는다.

나는 우리나라 민주주의를 '119 민주주의'라 부른다. 우리 국민은 멀리는 임진의병에서부터 동학농민혁명, 3·1 만세운동, 4·19 혁명, 5·18 민주화운동, 6월 항쟁과 촛불혁명에 빛의혁명까지 국가 위기 때마다 어느 민족, 어느 국민도 보여주지 못한 자발적 연대행동으로 그 위기를 막아왔다. 이 위대한 힘이 어디에서 온 것인지는 따로 밝혀볼 일이다.

우리나라는 동방의 불빛이라 칭송받고, 지금 세계 민주주의 위기 시대에 가장 모범적이고 선진적인 민주주의 위기 극복 전범이 되고 있다. 우리는 역사를 통한 학습이 배태시킨 집단적 위기 극복 능력을 갖게 된 국민이다. 그리고 그 능력은 조금씩 진화해왔다. 그런데 이런 위대한 국민의 나라가 44년 만에 친위쿠데타를 겪었다는 것은 또 다른 역설이다. 이를 어떻게 설명해야 하나.

안타깝게도 우리 국민의 위대함은 마을에 난 불을 끄고 돌아가는 119 소방대와 닮아 있다. 왜냐하면 세계가 놀랄 정도로 그렇게 많은 에너지와 힘을 모아 위기를 막아내지만, 다시 돌아간 일상에는 위기 이전의 삶이 그대로 지속되고 있기 때문이다.

숨이 턱턱 막히는 경쟁도, 가정이나 일터에서의 권위주의와 갑질도, 사회 전체에 강고하게 관철되고 있는 차별과 불평등도 여전하기 때문이다. 불은 껐으나 불이 일어나지 않도록 하는 일상의 민주주의, 일상의 안전지대는 여전히 불안하고 취약하다.

교육이 이 모든 일의 원인을 제거할 수 있는 것은 아니지만, 교육이 이 모든 일의 원인을 줄일 수는 있다. 민주주의자인 대통령, 민주주의자인 국회의원, 민주주의자인 판검사, 민주주의자인 의사, 민주주의자인 기자, 민주주의자인 기업가, 민주주의자인 관료, 민주주의자인 군인, 민주주의자인 노동자, 민주주의자인 예술가, 민주주의자인 부모가 있다면 일상의 민주주의가 가능하고 12·3 내란 같은 국가적 위기가 발생할 소지는 현저히 줄어든다.

이들이 만드는 법과 제도, 사회가 민주사회에 가까이 가지 않을 수 없다. 국민이 안전하고 편안한 삶을 살 수 있도록 사회를 변화시키고 발전시키는 일이 정치라면, 정치(인)는 이런 세상을 위해 민주시민의 자질을 기르는 교육의 중요성에 대해 특별한 인식을 가져야 한다. 사회 발전 전략 속에 교육에 대한 전략이 필수로 포함되어야 하는 이유다.

민주주의를 만들고 유지하며 발전시키는 주체인 민주시민은 교육을 통해서만 길러질 수 있다. 태어날 때부터 독재자인 사람도 없지만, 민주시민이 하늘에서 떨어지는 것도 아니라는 말도 있지 않은가. 아무리 좋은 법·제도일지라도 그것을 작동시키는 것은 구체적인 개별 인간이다. 세상을 움직이는 것은 법·제도가 51%라면, 그것을 작동시키는 구체적 사람이 49%의 결정변수가 된다.

그 가장 대표적인 사례를 우리는 최근 엄청난 대가를 치르며 확인한 바 있다. 불완전하지만 법 개정을 통해 검찰 수사권을 6개로[3], 또 2개로[4] 연이어 축소·제한해 놓았지만 윤석열 정부는 시행령 꼼수로 사실상 법을 우롱해 검찰권 남용에 나섰다. 그러니 진심으로 사회변화와 발전을 원한다면 사람을 길러내는 교육문제에 무관심하거나 무지할 수 없다.

강력한 신자유주의 질서가 지배하던 대처리즘의 영국을 물려받았던 토니 블레어가 새로운 사회 건설을 약속하며 내걸었던 선거구호가 '교육, 교육, 교육'이었다. 그는 개인의 책임에 초점을 맞추던 시민교육을 공동체성을 강조한 민주시민교육으로 전환함으로써 교육을 통한 사회개혁을 도모하고자 했다.

그의 문제의식으로 집권 직후 대대적인 교육개혁 정책이 추진

---

[3] 부패범죄, 경제범죄, 공직자범죄, 선거범죄, 방위사업범죄, 대형참사(2020.2. 검찰청법 개정)
[4] 부패범죄, 경제범죄(2022.5. 검찰청법 개정)

되고, 그 일환으로 영국 민주시민교육 지침이라 할 '크릭보고서'가 나올 수 있었다. 적어도 그는 교육이 사회개혁의 유일한 동력은 아니지만 중요한 요소임을 인식하고 있었다. 안타깝게도 우리 정치권은 교육에 대한 관심과 이해 면에서 아직 너무 멀리 있다.

현실정치 속 교육은
어떤 모습일까?

희귀 존재 교육 비례대표

우리나라 선거법은 국회 구성 원칙으로 입법부에 전문성을 수혈하거나 사회구조적으로 정치적 약자 상태에 있는 이들을 배려하기 위해 비례대표제를 운영해왔다. 이 원칙에 따라 여성, 장애, 청년, 노동계 대표의 국회 진출이 가능했다. 50만에 달하는 초중고 교사들이야말로 법·제도적 이유로 완전한 정치적 무권리 상태에 놓여 있다. 어찌 보면 법적으로 강제된 최대 정치적 약자가 교사들이라 할 수 있다.

그러나 오랫동안 우리나라 정치계를 주도해왔던 거대 양당은 공히 초중고 교육현장 교사들에게 비례대표 의석을 배분해야 한다는 의식이 전혀 없었다. 우리나라 정당이나 정치인들이 교원의 정치적 무권리 상태를 인지하고, 문제의식을 가지며 이를 해결하거나 최소한 보정해야 한다는 의식이 거의 없었다는 뜻이다. 그 결과 당연히 현장교사 출신 정치인의 존재는 19대 국회 이전까지는 전무하고 그 이후에도 가뭄에 콩 나듯 하는 희귀 존재가 될 수밖에 없었다.

협의의 정치세계에서 직접적인 정치의 핵심 주체는 정당이다. 정당은 정치인을 발굴해 공천하고 선거에 참여하며, 입법권, 행정권, 사법권을 직간접적으로 행사한다. 정당의 당원으로, 지지자로, 혹은 당직자로 직간접적 정치활동을 하면서 정치 문화도 익히고 정치 작동 메커니즘을 학습하고, 정치적 네트워크도 형성하는 과정을 통해 정치권에 진출하게 된다.

그러나 정당 가입과 활동은커녕 정당에 후원금도 낼 수 없는 처지인 교사나 교사 출신이 지역구 의원으로 출마한다는 것은 거의 불가능한 일이다. 교육계 입장에서 정계 진입의 유일한 길이 비례대표 후보가 되는 현실에서 수십 년간 어느 정당도 교육계를 대표하는 교사 출신 비례대표를 내지 않았다는 것은 정치계에 몸담고 있는 이들이 성찰할 일이다.

왜 이런 일이 오래 지속되어 왔을까. 우리 사회 소위 기성세대들은 본인들 의지와 무관하게 50대 이상은 자신이 경험한 군사독재 시대 권위주의 교육의, 그 이하 세대는 경쟁과 효율성 관점에서 교육문제를 다루는 신자유주의 교육의 담지자들이 되었다. 그런 교육을 받고 성인이 된 정치인들도 예외는 아니다.

특히 정계에 진출한 이들은 간혹 예외가 없는 것은 아니지만 대부분 기존 교육체제에서 소위 성공한 경험을 가진 사람들이다. 설사 민주화운동에 뛰어들어 대학 졸업장을 과감히 포기했던 사람이라 할지라도 기성 교육제도의 수혜자라는 사실이 바뀌지는 않는다. 이런 사실은 정치권에서 교육에 대한 문제의식을 갖고 비판적 접근을 하기 어렵게 만드는 원인이 되기도 한다.

교육문제가 우리 사회 발전에 얼마나 큰 질곡이 되는지, 역으로 사회개혁을 위해 교육개혁이 얼마나 중요하며 그에 걸맞은 국가 발전계획은 무엇인지에 대한 정치권 고민은 깊지 않고, 교육문제는 언제나 후순위에 밀리는 처지가 되었다. 문제의식은 희박하고, 큰 사고가 나지 않도록 관리하면서 현상 유지를 하는 것이 교육이라 여기는 정치현실에서 교육비례대표를 비롯해 교육계 출신 국회의원이 필요하다는 인식 부재는 너무 자연스럽다.

비인기 상임위, 교육위

국회는 기본적으로 상임위원회를 중심으로 운영된다. 국회에는 18개 상임위가 있다. 법사위, 행안위, 국토위 등의 상임위와 겸임 상임위인 운영위, 정보위, 여가위에 예결산특위로 구성되어 운영된다. 국회의원들은 보통 4년 임기 중 전반기 2년과 후반기 2년을 단위로 상임위를 결정해 활동한다. 동일 상임위를 계속하는 경우가 생각보다 많지 않다.

상임위를 결정하는 첫 번째 기준은 의원의 의사다. 3순위까지 희망 상임위를 적어 내면 각 당 원내대표실에서 조정하여 확정한다. 기본적으로 의원 관심사나 전문성을 기준으로 신청하지만, 의원 지역구 현안 해결에 도움이 된다거나 국민적 관심사가 높은 현안을 많이 다뤄 대중 노출도가 높은 상임위에는 전통적으로 신청자가 상임위 정원을 초과해 경쟁이 높다.

지역개발 관련 사안을 많이 다루는 국토위가 인기 상임위가 되는 식이다. 그래서 자신이 신청한 1순위 상임위가 아니라 2순위, 혹은 3순위, 경우에 따라서는 어쩔 수 없이 희망하지 않은 상임위에 배치되기도 한다. 2년 단위로 상임위 조정을 하는 이유 중 하나도 의원들에게 최대한 공평한 기회 보장을 하기 위함이다.

비교섭단체 의원들의 상임위 배치는 국회의장이 의석수가 많은 교섭단체와 조정을 통해 최종 결정한다. 교육위는 2순위나 3순위로 쓴 의원들이 적지 않았고, 심지어 아예 희망 순위에 없었는데 배정된 경우도 있었다. 이런 사정을 알지 못했던 왕초짜 초선 의원인 나는 임기 시작하자마자 행여나 교육상임위에 배치되지 않으면 어쩌나 노심초사했다. 나의 노심초사는 기우였다.

다선 의원 중 교육문제에 관심 있고 나름 뜻이 있어 줄곧 교육위 활동했던 의원들이 드물게 있었지만, 일반적으로 교육위는 비인기 상임위 중 하나였다. 교육위 활동은 기본적으로 언론이나 대중 주목을 받는 경우가 별로 없고, 무엇보다 다루기 어려운 일이라는 인식이 강하다. 공부나 준비는 더 많이 해야 하는데 빛은 안 나는 일이니 비인기 상임위가 되는 건 어쩌면 당연한 일이다.

국회에서 다루는 일들은 대체로 주로 누구의 이익에 더 부합하는가 하는 문제로 비교적 명확하게 판단할 수 있다. 노조법 2, 3조나 중대재해처벌법, 각종 세법, SOC 등 국토개발 관련 법 등이 대표적이다. 적어도 상임위에서 다루는 법안의 논리적 쟁점은 무엇이 더 보편적 이익을 확대하는 방안인가로 좁혀진다.

교육도 기본적으로 그런 성격을 가질 수밖에 없지만, 무엇이 교육적인가라는 관점에서 다뤄야 한다는 점에서 조금은 복잡하고 특별한 성격을 갖는다. 이익의 문제나 효율성 혹은 합리성 문제로만 접근할 수 없는 것이 교육이기 때문이다. 헌법이 특별히 교육의 전문성 보장을 명령하고 있는 이유이기도 하다.

그래서 교육계 경험이 없는 의원들에게는 멀리서 보면 대충 다 아는 것이 교육인 듯하나, 구체적인 제도와 정책으로 들어가면 판단 기준이 복잡하고 모호해진다고 느끼는 경우가 많다. 많은 의원들이, 특히 교육위 활동을 열심히 잘해보려는 의원들일수록 교육위 활동을 어렵다 하는 경우가 많은 이유이며 교육위가 비인기 상임위 중 하나가 되는 이유이기도 하다.

국회에서 다루는 문제 중 어느 것 하나 안 중요한 일이 있으랴마는 그래도 개인적으로는 우리 국회 내 교육위 위상과 교육문제에 대한 의원들 인식이 주변화되어 있는 현실을 마주하는 일은 안타깝고 답답한 일이기도 했다. 어쩌면 사회문제 해결을 위해 교육문제 해결이 필요하다는 데 동의하는 의원들조차 제대로 결집해내지 못한 내 한계도 크다는 생각이 들기도 한다.

국회의원에게 민원인 아닌 민원인이 되는 국회의원

교육이 사회적 차원에서는 다중관심사가 되는 경우는 사건성인 때가 많고, 개인 차원에서는 학생이거나 학부모일 때에만 가장 중요한 문제 중 하나가 된다. 그러나 학생은 자기 이야기를 할 사회적 스피커가 없고, 학부모는 아이가 대학에 입학해 학부모 의무가 해제되는 순간 교육문제로부터 멀어진다. 많은 의원들에게도 사정은 비슷하다.

그래서 교육정책이나 교육 관련 법을 얘기하는 것은 다른 문제보다 더 많은 시간을 요하는 경우가 많다. 임기 중 여러 법안을 발의했지만 교사정치기본권보장법 만큼은 어떻게든 통과시켜야 한다는 생각이 강했다. 그런데 교사정치기본권 관련 법들은 내가 속한 교육위 소관이 아니라 거의 모두 행안위 소관 법들이다.

관련 법들이 선거나 정당과 직접 연결되는 것들이라 일반적 시기에는 행안위에서 다루지만 선거 전에 한시적으로 운영되는 정치개혁특별위원회(정개특위)에서 다루기도 한다. 이 특위는 법사위를 거치지 않고 자체의결권이 부여되는지라 바로 본회의에 상정될 만큼 결정력이 높다. 목전의 선거에 직접 영향을 미치는 사안들을 다루기 때문이다.

그래서 나는 기회 되는대로 행안위 의원이나 정개특위 의원들을 만나 교사정치기본권 보장법 필요성을 이야기하기 위해 종종 민원인 아닌 민원인이 되었다. 의원들 간에 자신이 발의한 법 통과를 위해 동료 의원이나 관련 상임위 혹은 원내대표단과 소통하는 일은 흔하다. 그런데도 내가 민원인이라는 표현을 쓰는 데는 달리 이유가 있다.

솔직히 교사로 살아오면서 나 자신도 2011년 서울시장 선거 후보경선 때 박원순 후보와 박영선 후보 간 단일화를 위한 국민참여경선단 참가를 거부당하면서야 비로소 내가 정치기본권 없는 존재라는 것을 생생하게 실감했다. 교사는 국민도 아닌가라는 생각이 들 수밖에 없었다. 평소에 정치 무관심을 강요받고, 선거일 투표권을 행사하기 때문에 생기는 착시 현상으로 많은 교사들이 정치기본권 없는 삶에 대한 자각이 약한 게 현실이다.

최근 몇 년 사이 교사정치기본권 보장 필요성에 대한 사회적 관심과 논의가 비교적 활발해지고 나서야 교사들의 정치적 무권리 상태에 대한 자각이 확산되었다. 하물며 교사가 아닌 이들에게는 이 문제에 대한 이해도가 더 낮을 수밖에 없고, 이는 국회의원 일반 평균적 수준에서도 그리 다르지 않았다. 이런 사정으로 나는 교사정치기본권 보장법안을 들고 그저 간단히 협조만을 구하는 이상의 노력을 해야 했다.

교사정치기본권 보장을 위해서는 법안 하나가 아니라 선거법, 정당법, 정치자금법 등 여러 개 연관 법들이 함께 개정되어야 한다. 그래서 나는 8개나 되는 법안을 바리바리 싸들고 관련 위원회 의원들을 방문했다. 법안 보따리 장사라고나 할까? 게다가 교육 관련 법안들은 대체로 현안 관련성이 적다는 인식이 큰 편이라 어떤 때는 열심히 설명은 했지만 충분히 소통되지 못한 느낌을 안고 돌아설 때도 있었다.

그래도 지금 생각하면 더 열심히 했어야 했다는 아쉬움이 든다. 왜냐하면 개인적으로 국회에 들어간 가장 큰 이유이자 의정활동 최대 목표였던 교사정치기본권 보장법안을 하나도 통과시키지 못한 채 임기를 마쳤기 때문이다. 그나마 교사정치기본권 보장을 위해 2018년 국가공무원법 제65조 헌법 소원을 했을 때 교육부마저 현행법이 유지되어야 한다는 의견을 헌재에 냈던 때에 비하면 지금은 사정이 많이 나아졌다는 것에 감사할 따름이다.

교육문법과 정치문법의 간극

현실정치와 교육정책 사이클 간 불화는 구조적 문제다. 4년이나 5년 선거 주기를 기본으로 작동하는 정치 사이클과 중장기성을 본질로 하는 교육 사이클 간 차이가 그것이다. 이런 차이로 인해 정치문법과 교육문법 간 차이가 발생한다. 이를 어떻게 조화롭게 해결할 것인가는 중요한 문제다.

현실에서 교육문제도 정치라는 구조물을 통해 결정된다. 교육 관련 법, 교육예산, 교육정책, 교육제도 등이 모두 국회와 정부 정책 결정과 집행 시스템을 거칠 수밖에 없다. 이 점에서 교육 역시 정치와 떼려야 뗄 수 없는 관계에 있다. 교육 역시 사회의 일부이고, 사회적 요구와 맥락 속에 있기도 하다.

'정치적이지만, 정치적이어서는 안 되는' 교육이 갖는 이 모순성을 해결하기 위해 헌법제(개)정자들이 굳이 헌법에 교육의 자주성과 전문성, 정치중립성 보장을 명문화해 강조한 것이리라. 교육도 정치라는 구조물의 일부이지만 최대한 그 구조물로부터 독립성이 유지되어야 함을 지적하고 경계한 것이다.

그러나 현실에서 선거 주기를 중심으로 매 순간 유권자 지지 여부에 촉각을 세우며 작동되는 정치문법과 상대적 독자성을 가져야 할 교육문법 사이에 놓인 이 긴장을 이해하면서도 조화시키는 일은 결코 쉬운 일이 아니다. 이를 아예 이해할 수 없는 독재정권은 교육을 정권 유지 수단으로 철저하게 이용했다.

의욕적으로 교육개혁 정책을 추진한다 해도 그 개혁 성과는 정책 주체인 정부 수명이 다한 뒤인 5년이나 10년 후에나 나타나는 것이 일반적이다. 게다가 모든 개혁이 그렇듯이 개혁 초기에는 언제나 사회적 쟁점이 되고 관련 이해 당사자들 간 갈등이 첨예하게 표출된다.

정부든 국회든 임기 중에는 성과가 미미하거나 아예 보이지 않고, 쟁점만 커지는 일이라면 이런 위험부담을 감수하며 개혁의 칼을 들이대는 것을 피하게 된다. 역대 민주정부도 이 한계를 돌파할 의지나 능력이 없었다. 그래서 교육개혁에 대한 기대를 받고 출범함에도 불구하고 임기 내내 교육문제는 주변화될 수밖에 없었다.

지난 30년 동안 몇 번의 정권교체에도 불구하고 우리 교육이 근본적 변화 없이 문제가 계속 심화될 수밖에 없었던 이유다. 개혁적인 정부조차 4, 5년 단위로 유권자 심판을 받아야 한다는 이유로 교육문제는 늘 선거에서의 득표 유불리 관점에서 다뤄질 뿐이다.

그 결과 사교육비 증가 곡선은 매년 우상향을 피할 수 없었고 경쟁교육 폐해는 확대·심화되었으며 학교폭력은 계속 증가하고 학생들 정신건강은 심각할 정도로 악화되고 있다. 청소년 사망 원인 1위가 자살이 된 지 오래고, 최근에는 교사 자살도 증가하고 있다. 총체적 난국이다.

군사독재 종식과 동시에 우리 교육은 권위주의 교육에서 신자유주의 교육으로 직진했다. 5·31 교육개혁 이후 30년 동안 정치공학 논리에 교육이 종속되면서 문제는 꼬일 대로 꼬이고 켜켜이 쌓일 대로 쌓여 손을 대기 어려운 지경이 되었다. 시간이 지체될수록 교육 패러다임을 전환할 의미 있는 개혁은 더 어려워질 수밖에 없다.

개혁을 하려거든 힘이 센 정권 초기에 해야 한다는 말이 정치상식처럼 회자된다. 어떤 개혁이든 그만큼 힘이 들고 쉽지 않기 때문이다. 더구나 정치권에서는 정권 존폐를 결정할 정도로 사람들의 욕망과 직결된 부동산과 교육문제가 가장 다루기 어려운 문제라는 생각이 일반화되어 있으니 말해 무엇 하랴.

민주정부보다 교육개혁에 더 적극적인 보수정부?

김영삼 정부 이래 오늘날 한국 교육에 가장 많은 영향을 끼치는 정책과 제도는 대부분 보수정부 때 도입되고 추진되었다. 물론 그들은 정책과 제도를 도입하며 늘 '새로운 개혁정책'이라는 이름표를 붙였다. 실제로 자율과 창의를 앞세우며 시작된 5·31 교육개혁,

대학설립준칙주의, 자사고·특목고 확대·강화, 일제고사, 학교폭력 가해 이력 학생생활기록부 기재, 역사교과서 국정화 시도, AIDT(AI 디지털교과서) 등이 보수정부에서 추진되었다.

자율의 이름으로 학교운영위를 설치하고, 창의를 내세우며 교육과정에 교과수업 시수 외 창의체험 시수를 마련하고, 중학교 자유학기제를 실시하는 정책도 추진되었다. 그러나 애초 취지와는 전혀 다르게 형식화되거나 변칙 운영되는 경우가 태반이었다. 실질적인 학교교육 주체인 교사, 학생, 학부모의 주체화를 담보할 법·제도적 장치 없는 형식적 제도 도입에 그쳤기 때문이다.

교육의 본질과도 같은 수업의 민주화, 학교의 민주화, 교육행정의 민주화는 전혀 건드리지도 않았다. 일부 학교를 제외하고 학운위는 학생대표 참여가 애초 배제되고 교사회나 학부모회를 통한 법적 대표성을 갖지 못해 교장 거수기가 되거나 형식화되었다. 교사 교육과정 편성권 보장이 되지 않는 교육과정 개편은 창의력 향상교육 대신 각종 법정교육 시수 채우기 수단이 되었다. 자유학기제는 유야무야된 상태다.

역대 민주정부는 교육개혁 이름으로 전교조 합법화, 사학법 개정, 교육감 직선제 실시, 국가교육위원회 설립 등 의미 있는 정책을 추진했다. 그러나 5·31 교육개혁 기조를 계승해나가는 일에도 앞장섰다. 자립형사립고 도입이나 교원성과급제 도입, 교원평가

실시, 정시 확대 등이 대표적이다. 한마디로 신자유주의 교육정책에 대한 비판적 문제의식 없는 혼란과 철학 부재 시기였다.

정작 신자유주의 교육정책에서 벗어나기 위한 노력은 중앙정부 정책이 아니었다. 그것은 자율과 창의교육, 학교 민주주의 등을 본격화한 진보 교육감 등장과 더불어 현장교사 중심으로 시작된 혁신학교와 혁신교육 정책을 통해서 이루어졌다. 현장과 지방교육자치 수준에서 이루어졌던 혁신교육은 이명박, 박근혜 정부의 강력한 공격에 맞서 진지사수 투쟁을 벌여야 했다.

왜 그 숱한 개혁정책에도 불구하고 교육문제는 해결되기는커녕 점점 더 심각해지고 드디어 '교육 불가능 시대'라는 말이 등장할 정도의 임계점에 도달하게 되었을까. 교육문제를 개선하는 대신 악화시키는 이러한 소위 '개혁정책'들은 왜 보수정부에서 더 과감하고 적극적으로 추진되었을까.

보수정부에게 있어 교육개혁이란, 경쟁과 효율 중심의 신자유주의 교육정책인 5·31 교육개혁 기조를 확대·강화하는 것이었기 때문에 어떤 내적 충돌 없이 다양한 교육정책을 '개혁'이란 이름으로 쏟아낼 수 있었기 때문이다. 당연히 보수정부가 더 교육에 적극적으로 보이는 착시 현상이 일어날 수밖에 없다.

기존 정책 기조와 다른 정책철학과 의지가 수반될 때만 개혁이라 말할 수 있지만, 역대 민주정부는 본질적으로 기존 신자유주의 교육정책 기조를 계승하고 있었기 때문에 뭔가 변화를 도모하기 위한 새로운 교육정책 시도는 대단히 미시적이고, 부분적인 수준에 머물 수밖에 없었다.

민주정부의 이런 한계는 시행령만 고치면 될 자사고·특목고 폐지를 정부 임기 이후로 미룬다거나, 교장공모제 비율 제한을 제거하지 못한다든가 하는 양상으로 나타났다. 신자유주의 교육정책에 교육혁신 정책을 덧씌우거나 계획만 세우고 책임은 안 지는 식의 선언적 수준에서 그치게 되어 상대적으로 보수정부에 비해 교육개혁에 소극적으로 보이고, 실제로도 그랬다.

민주정부가 내란까지 일으킨 보수정부와 차별화된 세상을 만들고자 한다면 교육개혁에 더 적극적으로 나서야 한다. 경쟁과 효율 논리를 앞세우며 능력주의를 강화하는 정책 대신 교육기본법 제2조가 제시하는 인격 도야, 자주적 생활 능력과 민주시민 자질 함양이라는 교육 목적에 부합하는 교육정책을 추진해야 한다.

보수정부와 보수 세력들은 자신들의 가치에 부합하는 세상을 만들기 위해, 시장주의 질서와 능력주의 교육관 확대·강화를 위해 적극적으로 신자유주의 교육정책들을 끊임없이 발굴해내고 집행하는 데 열심이다. 교육문제를 주변화하고 교육개혁에 어정쩡한 태도를 지속해왔던 민주정부 태도는 부분적 성과에도 불구하고 오늘날 다양한 착종 현상을 교육계에 확대하는 결과만 초래해왔다.

교육부 장관 이력과 전문성

김영삼 정부 이래 우리나라 역대 교육부 장관은 대부분 교수 혹은 총장 출신이었다. 드물게 정치인이나 고위 관료 출신 장관도 있었다. 그 전공과 출신 여부와 무관하게 이들의 공통점은 교육문제에 대한 전문성이 거의 전무하거나 빈약하다는 점이다.

김영삼 정부 이래 총 28명의 교육부 장관이 재임했다. 이주호 장관이 이명박 정부와 윤석열 정부에서 두 번이나 장관을 했기 때문에 실은 27명이다. 1992년부터 2025년 윤석열 정부까지 34년 동안 장관이 28명이었으니 평균 재임 기간은 1년 2개월이다. 물론 국무위원인 장관은 정치적 변수들에 무관할 수 없고, 정무적 판단에 따라 임기가 결정되는 자리이기는 하다.

그렇다 해도 교육 관련 국가사무를 책임지는 교육부 장관 평균 임기가 1년을 갓 넘는다는 것은 교육이 백년지대계라는 말을 무색하게 만든다. 정권이 바뀌면 교육정책이 바뀌는 것도 문제인데 하물며 대통령 5년 임기 내 교육부장관이 적게는 2명, 많게는 7명이나 임명되기도 했으니 정책 일관성은커녕 최소한의 안정성조차 유지하기 어려울 것은 불을 보듯 뻔하다.

이 27명 교육부 장관 중 교육학을 전공한 장관은 6명에 불과하다. 나머지 장관들은 영양학 1명, 기계공학·재료공학·화학공학 각 1명, 철학 3명, 행정학 3명, 경제·경영학 4명, 정치학 1명, 사회학

1명, 법학 3명에 정치인 출신 2명이었다. 전공이 꼭 장관 능력을 보장하는 것은 아니지만 이건 너무 심하다. 헌법이 굳이 유일하게 교육에 전문성 보장을 규정한 취지를 몰각한 것이라 할 수 있다.

물론 꼭 교육학 전공이거나 교육현장 경험이 교육부 장관 필수 자격조건이 되어야 한다는 것은 아니다. 교수 역시 연구자일 뿐 아니라 교육자이기도 하다는 점에서는 더욱 그렇다. 또 교육 전공자거나 교육현장 출신이라고 해서 반드시 교육부 장관에 유능하다고 말할 수는 없다. 그러나 최소한 교육철학과 교육문제에 대한 이해를 어느 정도 갖춘 이에게 교육부 장관을 맡기는 것이 옳다.

그래야 시행착오를 줄일 수 있다. 그래야 교육이 정치공학 논리에 휘둘리지 않게 최소한 방패막이 역할을 할 수 있다. 그래야 교육과 정치 사이 균형점을 찾을 수 있다. 그러나 지난 30여 년간 그렇게 자주 교육부 장관이 교체되고 매번 새로운 정책들을 쏟아냈지만 해마다 사교육비는 갱신되며, 교권은 추락하고, 반년 동안 학생 180명이 자살하는(2025년) 교육 대위기 상황을 맞고 있다.

이 위기의 원인은 여러 가지가 있고 복합적이지만 국가 교육정책을 책임지는 역대 교육부 장관 책임이 가장 크다 할 수 있다. 앞서 본 것처럼 교육 전문성을 갖추지 못한 이들이 내리 교육부 장관 임무를 수행하면서 빚어진 결과이기도 하다면 지나친 얘기일까.

자신의 능력을 국가를 위해 발휘해서 국가발전에 기여하는 것이 아니라 국가 사무수행을 통해 배우고 익히는 완전히 거꾸로 된 과정을 밟아온 것은 아닌가. 솔직히 그런 장관들이 적지 않았다. 그것도 평균 1년 2개월 정도 짧은 임기 동안 그들이 얼마나 교육 문제에 대해 제대로 학습했을지도 궁금하다.

그런데 우리 사회에서는 관행적으로 그 기간의 길고 짧음은 물론, 임기 중 성과 여부와 무관하게 단지 장관직에 있었다는 사실만으로 그 사람을 교육 전문가 반열에 올려놓는다. 본인 스스로도 자연스럽게 그런 의식을 갖는다. 교육계만 그런 것도 아니다.

특정 영역 최고위직을 수행했다는 것은 그 영역 문제를 전반적으로 들여다보고, 발생하는 문제들을 경험하고, 정책적 고민을 하게 된다는 점에서는 어느 정도 발언권을 인정받을 수 있다. 그러나 장관직을 수행했다는 사실만으로 그 사람이 곧 그 분야 전문가라는 것을 의미하지는 않는다.

이재명 대통령이 민주노총 위원장 출신을 노동부 장관에, 질병청장 출신을 보건복지부 장관에 임명한 것은 학습 기간을 단축하고 전문 역량을 국가 사부에 바로 투입할 수 있도록 한 결정이었다는 점에서 바람직한 인사였다고 할 수 있다. 다른 정무직과 달리 장관은 정책을 결정하고, 평가하고, 개선하는 직접적 집행책임 기관이기 때문이다.

물론 장관직은 정무직이기 때문에 해당 분야 전문성만으로 결정될 수는 없다. 그러나 책임 분야 전문성을 인사 결정 시 필요충분조건은 아니더라도 필요조건으로 삼는 것은 필요한 일이다. 장관직 임명을 논공행상 차원에서 적당히 자리 나누기로 삼았던 경우를 제외하면, 역대 정부가 유독 교육부 장관의 경우에는 교육 관련 전문성을 중요한 판단 기준으로 삼지 않아 왔던 것 아닌가 싶다.

이렇게 인사가 될 때, 정무직인 장관은 최고 책임자임에도 매번 관료들의 성에 갇혀 휘둘리다 제대로 된 정책 한번 못 해보고 임기를 마치게 된다. 온갖 그럴듯하며 화려한 언변과 온전하지 못한 혹은 의도된 정보와 자료들을 들이밀며 하는 이야기들의 옥석을 가리고 판단하기 어려울 것은 불을 보듯 뻔하다.

복잡하면서도 너무도 다양한 문제들을 손가락 사이 모래 빠지듯 흘려보낼 수밖에 없다. 관료들은 정치적 이유에서든 장관 개인적 신념에서든 장관이 관심을 가지고 특별한 의지를 표명한 정책 몇 가지만 성사시키면 된다고 생각할지 모른다. 이런 일들이 너무 자주 일어나 쌓이면 정책은 실패하고 결국 정권에 부담으로 갈 수밖에 없다.

국회의장 쌈짓돈이 된 특별교부금

교육부 장관 이력을 가졌던 국회의장은 스스로 교육 전문가라 자부할지도 모른다. 21대 국회의장 역시 비슷한 생각을 하던 분이었을 것 같다. 그는 수십 년 동안 교육현장 요구였다가 겨우 2018년에야 비로소 특별교부금이 3%로 1% 감축된 지 5년 만에 이를 다시 원점으로 돌리는 일을 추진했다. 비록 교육상임위와 교육계 반대로 1%가 아니라 0.8% 복원에 그쳤지만 말이다.[5]

명분은 디지털 교육이 중요하니 특별한 별도 예산을 책정해야

---

5) 지방교육재정교부금법 제3조(교부금의 종류와 재원) ③ 보통교부금 재원은 제2항제2호에 따른 금액에 같은 항 제1호에 따른 금액의 100분의 97을 합한 금액으로 하고, 특별교부금 재원은 제2항제1호에 따른 금액의 100분의 3으로 한다.
제5조의3(교부금의 재원 배분 및 특별교부금의 교부에 관한 특례) [2023.12.31. 신설]
① 제3조제3항(특별교부금 재원의 100분의 60)에도 불구하고 2026년 12월 31일까지는 보통교부금 재원은 같은 조 제2항제2호에 따른 금액에 같은 항 제1호에 따른 금액의 1,000분의 962를 합한 금액으로 하고, 특별교부금 재원은 같은 호에 따른 금액의 1,000분의 38로 한다.
② 제5조의2제1항에도 불구하고 교육부장관은 제1항에 따라 배분된 특별교부금을 다음 각 호의 구분에 따라 교부한다.
  1. 「지방재정법」 제58조에 따라 전국에 걸쳐 시행하는 교육 관련 국가시책사업으로 따로 재정지원계획을 수립하여 지원하여야 할 특별한 재정수요가 있거나 지방교육행정 및 지방교육재정의 운용실적이 우수한 지방자치단체에 대한 재정지원이 필요할 때: 특별교부금 재원의 380분의 180
  2. 기준재정수요액의 산정방법으로 파악할 수 없는 특별한 지역교육현안에 대한 재정수요가 있을 때: 특별교부금 재원의 380분의 90
  3. 보통교부금의 산정기일 후에 발생한 재해로 인하여 특별한 재정수요가 생기거나 재정수입이 감소하였을 때 또는 재해를 예방하기 위한 특별한 재정수요가 있는 때: 특별교부금 재원의 380분의 30
  4. 다음 각 목의 어느 하나에 해당하는 사유로 특별한 재정수요가 있거나 재정지원이 필요할 때: 특별교부금 재원의 380분의 80
     가. 「초·중등교육법」 제21조에 따른 교원에 대한 인공지능 기반 교수학습 역량 강화 사업 등 디지털 기반 교육혁신을 위한 특별한 재정수요가 있는 때
     나. 초등학교·중학교·고등학교 방과후학교 사업 등 방과후 교육의 활성화를 위한 특별한 재정수요가 있는 때
     다. 가 목 또는 나 목과 관련하여 디지털 기반 교육혁신 또는 방과후 교육 활성화 성과가 우수한 지방자치단체에 대한 재정지원이 필요한 때

한다는 것이었다. 과감한 결단을 본인이 내리지 않으면 AI 시대 디지털 교육이 제대로 이루어지지 못할 것이라는 절박한 마음으로 교육상임위 반대를 무릅쓰고라도 해야겠다 생각했으리라 짐작한다. 예산이 특정되어 확보되면 정책사업이 활성화되는 건 맞다. 그러나 그분이 놓친 두 가지가 있다.

첫째, 교부금 총액의 4%였던 특별교부금이 3%가 된 데는 나름의 이유가 있다는 점이다. 특별교부금은 교육부가 권한을 행사하는 예산이며, 보통교부금은 시·도 교육청이 집행 권한을 행사하는 예산이다. 특별교부금 비율이 높을수록 시도 교육청 예산 자율성은 비례해서 축소될 수밖에 없다. 4%나 되는 특별교부금 비율은 지방교육자치에 위배되는 예산구조였다.

이런 이유로 시도 교육청은 물론 교육현장에서는 오랫동안 특별교부금 예산 비율 감축을 주장해왔다. 이 요구를 받아 2018년에서야 비로소 특별교부금 비율이 1% 감축된 것이었다. 지방교육자치라 하지만 교육청은 독자적 세금 징수권이 없다. 반쪽짜리 자치인 셈이다. 이런 구조적 결함으로 시도 교육청의 유·초·중등교육 예산은 거의 전적으로 지방교육재정교부금에 의존할 수밖에 없다.

지방교육재정교부금은 내국세 20.79%와 교육세를 합한 것으로 유·초·중등교육에 쓰는 돈이다. 이렇게 책정되는 지방교육재정교부금은 보통교부금과 특별교부금으로 나뉜다. 그런데 2022년에 17개 시도 교육청으로 가야 할 보통교부금의 일부인 교육세 중 유아교육지원특별회계에 따른 예산을 제외한 금액의 50%를 고등교육 예산으로 사실상 전용하게 되었다.[6]

정부가 별도 고등교육 예산을 책정하지 않고 유·초·중등교육에 집행해야 할 예산을 깎아 고등교육으로 돌리는 것에 교육위는 반대했으나 결국 교육부 안대로 결정되고 말았다. 안 그래도 유·초·중등교육 예산 일부가 고등교육 예산으로 넘어감으로써 줄어든 상황에 더해 특별교부금 비율을 확대하는 것은 유·초·중등교육 예산에 대한 시도 교육청 자율성을 침해하는 시대 역행적 처사였다.

둘째, AI 디지털 교육 예산은 꼬리표가 달리는 특별교부금 방식이 아니어도 충분히 집행 가능하다. AI 시대 디지털 교육 필요성을 반대하거나 부정하는 이는 없다. 그래서 17개 시도 교육청은 이미 다양한 형태로 디지털 교육을 강화하기 위한 정책을 추진해 왔고, 교육청 예산의 상당 부분을 여기에 집행해 왔다.

---

6) 지방교육재정교부금법 제3조(교부금의 종류와 재원)
   ② 교부금 재원은 다음 각 호의 금액을 합산한 금액으로 한다. [개정 2022.12.31.]
      1. 해당 연도 내국세[목적세 및 종합부동산세, 담배에 부과하는 개별소비세 총액의 100분의 45 및 다른 법률에 따라 특별회계의 재원으로 사용되는 세목(稅目)의 해당 금액은 제외한다. 이하 같다] 총액의 1만분의 2,079
      2. 해당 연도 「교육세법」에 따른 교육세 세입액 중 「유아교육지원특별회계법」 제5조제1항에서 정하는 금액 및 「고등·평생교육지원특별회계법」 제6조제1항에서 정하는 금액을 제외한 금액

특별교부금 비율까지 되돌리면서 디지털 교육 예산을 콕 집어 책정하지 않으면 디지털 교육이 제대로 되지 않을 것이라는 생각은 지극히 관료주의적 사고방식의 발로다. 강제하지 않으면 안 할 것이라는, 시도 교육청과 교육현장에 대한 불신이 그 근저에 깔려 있기 때문이다. 나아가 명백한 반대 의사를 표하고 상임위에서 공식 보류된 법안을 의장 직권으로 일방 처리한 것은 국회 교육상임위에 대한 무시이기도 했다.

교육부 장관 출신 국회의장으로서 디지털 교육의 중요성을 특별히 강조하고 정책적 의견을 표현할 수 있다고 본다. 그러나 그렇더라도 특별교부금 예산 비율 확대 법안을 의장 직권으로 예산 부수법안에 끼워 넣는 방식이 아닌 다른 다양한 방식이 있을 수 있었으리라 생각한다. 국회의장 발언의 무게는 그 자체로 클 수밖에 없고 교육부나 교육청에서 이를 진지하게 받아들이는 게 일반적이기 때문이다.

아쉬움이 컸다. 예산안 의결 본회의에서 반대 토론을 했던 나는 결국 곧 국회의장이 확대시켜 놓은 특별교부금을 원상회복시키는 지방교육재정교부금법 개정안을 발의했다. 물론 총선정국을 코앞에 두고 있어 상임위조차 제대로 열리지 않는 상황이지만 입법적 의사표시가 필요하고 후임 의원들에게 입법 근거를 남겨 놓는 것이 필요하다 생각했기 때문이다.

좋은 의도가 항상 좋은 법을 만드는 것은 아니다

앞서 말한 특별교부금 증액 건도 디지털 교육에 진심인 국회의장이 입법권으로 자신의 신념을 실행한 사례다. 때마침 이주호 교육부 장관의 AI 디지털교과서(AIDT) 정책과 맞물려 교육부는 이 예산을 한껏 사용할 수 있었다. 그러나 세계 최초라는 AIDT 자체가 졸속 정책이었기 때문에 내용은 부실하나 호화 교사연수가 진행되고 있다는 기사들이 이어졌다. 이는 필연적 결과다.

또 대표적인 입법 사례는 교육과정에 대한 기존 이해가 부재한 상태에서 '연간 몇 시간 교육' 식으로 의무교육을 강제하는 법들이다. 2022 교육과정에 와서야 교육과정에 대한 학교 재량권이 보장되는 학교 자율시간이 도입되었다. 연간 34시간이니 주당 한 시간의 자율이 생긴 셈이다. 지금까지 아이들이 학교에서 배우는 수업은 교육부가 고시한 국가교육과정 안에 교과목과 과목당 시수가 정해져 학교나 교사들이 자율적으로 교육과정을 구성하는 것이 어려웠다.

우리나라는 철저하게 국가 주도 교육과정이며 학교와 교사들은 이를 실행하는 말단 실행자에서 벗어나지 못했다. 똑같이 영어단어나 영어 문법을 배우더라도 사용하는 지문이나 가르치는 방법은 101가지가 있을 수 있다. 기후 위기에 대해서나 다른 나라 역사와 문화를 가르치는 것도 마찬가지다.

그러나 우리나라 교육과정은 교과서 구성과 체계에 대한 검정 기준을 빽빽이 정해놓은 틀 안에서 출판사별로 약간의 변화를 준 '8종 교과서' 식으로 결정된 교과서에 맞춰 수업을 할 수밖에 없다. 교과목과 과목별 수업 시수도 마찬가지다. 교사가 교육과정을 스스로 세우고 운영할 권한은 없다.

교사와 학교는 국가교육과정 문서에 제시된 '학교급별(과목)편제와 (수업)시간(학점) 배당 기준'을 이행할 의무가 있을 뿐이다. 그래서 교사들은 '교육과정 수립·편성'권 대신 '교육과정 재구성' 권한만을 행사할 수 있을 뿐이다. 시대의 요구라며 창의적인 융합교육을 하라면서 교사들이 창의적인 융합교육을 설계할 틈은 존재하지 않는다.

이렇게 빡빡한 교육과정 구조에서 안전교육 51시간, 양성평등교육 15시간, 생명존중 및 자살예방교육 6시간, 학교폭력 예방교육 11시간, 장애인식 개선교육 2시간, 다문화 이해교육 2시간 등과 같이 소관 법령에 따라 교육 실시, 교육 횟수, 교육 시간, 결과보고 등이 학교에 의무적으로 부과되는 법정의무교육이 너무나 과도하여 학교의 정상적인 교육과정 운영은 불가능해진 상태다.

현실에서 어쩔 수 없이 택하는 방법이 교육과정상 존재하는 창의체험활동 시간을 이 법정의무교육 시간으로 채우는 것이다. 그래서 창의체험활동이 전혀 창의적이지 않게 된다. 이것으로도 부족하면 전교생 대상 방송수업이나 유인물로 대체하는 형식적 운영을 하기도 한다. 아이들을 위한 교육이 아니라 법을 위한 교육이 되고 있다. 법이 교육을 잡아먹는 현실이다.

안전교육도, 장애인식교육도, 다문화교육도, 학교폭력 예방교육, 자살예방교육도 다 필요하다. 그러나 이것을 제대로 교육하기 위해서는 국어, 영어, 수학, 사회, 과학 등 모든 과목에서 각 교과의 교육 내용으로 녹아들어 가게 해야 할 일이다. 그렇게 배워야 제대로 배울 수 있다. 애초 각 법률에서 의도했던 바 교육적 취지도 제대로 살아날 수 있다.

그래서 나는 국회 임기 중 법정의무교육을 교과, 창의적 체험활동 등 교육활동 전반에 걸쳐 통합적으로 실시하도록 하고, 교육 계획 및 교육 결과 보고는 「교육 관련 기관의 정보 공개에 관한 특례법」에 따른 공시로써 갈음할 수 있도록 하는 '법령에 따른 의무교육에 관한 특례법안'을 발의하기도 했다.

또 '교육과정 개정 및 운영에 관한 법률'을 발의하여 '의무적으로 부과되는 법정교육을 반영하는 내용의 법령을 제정하거나 개정하려는 경우에는 사전에 국가교육위원회와 협의'하게 하는 교육과정 영향평가제 도입을 명시하기도 했다. 안타깝게도 두 법 모두 본회의 통과가 무산되어 21대 국회 임기 종료와 함께 자동 폐기되었다.

우리 아이들에게 꼭 필요한 교육을 시키겠다는 선한 의도로 만들어진 법들이 아이들 교육을 더 어렵게 만들고 있는 현실은 반드시 해결되어야 한다. 이런 결과가 초래된 데는 입법자들이 교육과정에 대한 이해가 부족한 것도 큰 원인이지만, 수업 시수 확보에 이해관계를 투영하는 각 교과 연구자들과 교과 교사들의 교과 이기주의도 한 원인이 되고 있다. 교육과정에 대한 더 근본적인 사회적 논의가 필요한 이유다.

학교폭력 해결에는 무능하고
교육공동체 파괴엔 유능하게 된 법과 정책

학교폭력 문제는 전 국민 관심사이며, 드라마 소재가 될 정도로 심각한 사회문제다. 국회와 교육부는 학교폭력을 해결하기 위해 수십 년 동안 각종 법과 정책을 만들어 시행해 왔다. 그러나 날이 갈수록 학교폭력은 감소하기는커녕 증가하고 있고, 그 폭력 양상은 심해지고 있다. 학교폭력 해결에는 무능하고 학교교육 공동체 파괴에는 유능하게 된 것이 학교폭력 예방 대책이 되었다.

2011년 대구에서 발생한 학교폭력 피해 학생 자살사건 직후 교육부는 2012년 1월 학교생활기록 관리지침을 개정해 학교폭력 가해 기록을 학교생활기록부에 기재하도록 강제했다. 가장 강력한 불이익을 줌으로써 학교폭력이 해결될 것이란 정책입안자들의 기대는 헛된 꿈에 불과한 것임이 증명되는 데 그리 오래 걸리지 않았다.

학교폭력 가해 기록이 대학입시 자료로 반영되게 되면서 학교는 소송 전쟁터가 되기 시작했다. 그런데 2023년 국가수사본부장 지명자 자녀 학교폭력이 쟁점이 되자 교육부 지침 수준의 조치를 법으로 격상시켜 학교생활기록부 기록의 입시 영향력을 더 높이자는 법안이 제출되었다. 더 강력한 처벌이 학교폭력 해결의 답이라는 인식이었다.

그러나 학교폭력을 입시와 연계한 대책에도 불구하고 지난 20년 동안 학교폭력은 줄어들지 않았다. 오히려 학교는 소송으로 몸살을 앓게 되고, 학교폭력 전담 로펌까지 생기는 기현상이 고착되었다. 학교폭력에 교육적으로 개입할 여지는 줄어들고, 비싼 로펌을 동원할 수 있는 학생들이 유리해지게 된 것이다.

소송이 일반화되자 학교폭력만이 아니라 학교 내 발생하는 모든 일을 소송으로 풀려는 경향이 가속화하기 시작했다. 사법 논리가 학교 문을 활짝 열고 들어와 학교는 이제 학생(학부모)과 학생(학부모) 사이 소송뿐만 아니라 교사에 대한 학부모 소송도 거리낌 없는 일이 되었다. 서이초 사건은 이 연장선상에서 발생한 비극이기도 하다.

교육은 교사와 학생, 학생과 학생, 교사와 학부모 사이 존중과 신뢰를 전제로 한다. 학교폭력 대응 정책이 유일한 이유는 아니지만, 오늘날 학교 공동체 간 신뢰를 파괴하고 학교가 교육의 사법화 현상으로 모두가 고통받는 곳이 된 가장 큰 이유 중 하나다. 입시 유불리와 연계된 학교폭력 대응책이 결국 학교의 문제를 넘어서 사회의 비극이 된 것이다.

교육과 가장 멀리 있어야 하는 것이 시장논리와 사법논리다. 그러나 학교폭력 대책을 교육적 관점에서 검토하고 토론하며 그 해법을 사회적 합의를 통해 마련하는 과정은 완전히 생략되었다. 학교폭력 가해 기록 학교생활기록부 기재 조치 도입 시 김승환 전북 교육감의 강력한 반대와 교육현장의 반대 목소리가 제기되었지만 역부족이었다.

학교폭력 문제는 정말 중요하고 반드시 해결해야 할 문제이지만 결과적으로 빈대 잡으려다 초가삼간 태운 양상이 되어버렸다. 정치권에 학교폭력 문제를 교육적 관점에서 고민하는 이들이 얼마라도 있었다면 오늘과 같은 양상을 피하거나 최소화할 수 있지 않았을까. 두고두고 안타깝기 그지없다. 학교폭력 문제는 교육 전문성이 수혈되지 않는 현 정치현실의 한계를 드러내는 가장 대표적 사례 중 하나다.

교육상임위 소관 기관 문제, 한국교육개발원과 교육과정평가원

국회에는 상시 운영되는 위원회가 17개 있다.[7] 국회운영위원회, 법제사법위원회, 정무위원회, 기획재정위원회, 교육위원회, 과학기술정보방송통신위원회, 외교통일위원회, 국방위원회, 행정안전위원회, 문화체육관광위원회, 농림축산식품해양수산위원회, 산업통상자원중소벤처기업위원회, 보건복지위원회, 환경노동위원회, 국토교통위원회, 정보위원회, 여성가족위원회가 그것이다.

각 상임위는 정부 부처에 조응하여 구성되어 있다. 국회운영위는 국회사무처 등과 대통령실, 국가안보실, 경호처, 국가인권위 업무를, 법사위는 법무부, 법제처, 감사원, 공수처, 헌재 업무 및 탄핵소추사항을, 외교통일위원회는 외교부, 통일부, 민주평화통일자문위원회를 다루는 식이다.

교육위원회 소관 업무는 교육부 소관 사무와 국가교육위원회 업무를 다루는 것으로 규정되어 있다. 그런데 교육부 주요 정책 근거가 되는 정책연구 결과를 생산하는 한국교육개발원과 전 국민 관심사이자 학생 진로 결정에 가장 큰 영향을 주는 수능 업무를 담당하는 한국교육과정평가원 업무는 교육위가 아닌 정무위원회 소

---

[7] 국회법 제37조는 상임위와 그 소관 업무를 명시하고 있다.

관 업무다.

나는 국회 교육위 활동을 하며 이런 상임위 업무 배분에 심각한 문제가 있고 이를 교정해야 한다고 생각했다. 왜냐하면 교육위에서 다루는 많은 문제를 제대로 심의하기 위해서는 위 두 기관 업무를 구체적으로 들여다보고 상임위에서 다뤄야 할 경우가 많기 때문이다.

예를 들면 수능 준비 과정 점검은 물론 수능 문제 오류 등이 발생했을 때 교육위는 이를 담당하는 기관장 없이 교육부 장관에게만 질의하고 요구하는 수준을 넘어설 수 없었다. 당연히 문제 원인을 밝히고 제도 개선에 일정한 개입력을 갖기 어려운 구조일 수밖에 없다.

한국교육개발원과 한국교육과정평가원이 교육위가 아니라 정무위원회 소관 업무로 된 것은 이 두 기관이 경제·인문사회 분야 정부출연 연구기관을 지원하기 위해 설립된 국무총리 산하 공공기관인 경제·인문사회연구회 소속기관이라는 이유 때문이었다.

정무위 심의 대상 가운데 하나인 경제·인문사회연구회 산하에는 40개가 넘는 기관들이 속해 있다. 당연히 각 기관 업무가 제대로 심의되기 어려운 구조다. 더구나 정무위는 40여 개 기관을 관할하는 경제·인문사회연구원 외에도 총리 관할 업무와 국무조정실, 국가보훈부, 공정거래위원회, 금융위원회, 국민권익위원회 사무를 다룬다. 이것만으로도 결코 적지 않은 일이다.

결과적으로 교육정책에 대한 전문성이 거의 없는 정무위 성격상 교육개발원과 교육과정평가원 업무 심의는 사실상 국회 권한 밖 사각지대에 놓여 있다. 단지 국무총리 산하기관의 산하기관이라는 이유로 교육개발원과 교육과정평가원을 교육위에서 다룰 수 없게 만든 현재의 국회 상임위 구조는 개선되어야 한다.

문제는 또 있다. 대학병원이 의과대학 소속이라는 이유로 교육위 심의 대상 기관에 포함되어 있는 것도 합리적으로 풀어야 한다. 왜냐하면 대학병원은 의대와 연관된 부분도 있지만 의료기관이라는 것이 기본 속성이기 때문이다. 이런 이유로 교육위 감사 시 대학병원은 기관의 본질적 업무인 보건·의료적 사항을 제대로 다루지 못하고 지엽적 혹은 부수적 문제를 주로 다루게 된다.

마땅히 교육위에서 다루어야 할 교육개발원과 교육과정평가원을 다루지 못하고 있는 현실과 반대로 보건의료 전문성이 필요한 심의 대상 기관을 단지 의대 소속이라는 이유로 교육위에서 다루도록 하고 있는 현 국회 상임위 구조도 개선되는 것이 바람직하다. 그래야 제대로 된 국회 감사와 심의가 가능해질 것이다.

강민정을 말하다

책의 첫 장을 열자 아이들과 교육에 대한 그의 신념을 담은 문구들이 주르륵 나왔다. '이건 정말 강민정 선생님 그 자체군' 하고 나도 모르게 혼잣말을 했다. 누구나 할 수 있는 말이지만 그의 '말'은 언제나 '말 이상'임을 알고 있다, 실천으로 증명된 진심.

그가 늘 진심으로 실천하는 사람이라는 것은 익히 알고 있었지만, 그를 속속들이 알게 된 것은 우연히도 그가 재직했던 학교에 내가 교장으로 가게 되면서부터다. 서울에서도 가장 어려운 지역, 그 어린 나이에도 각자가 소설 한 권만큼의 사연을 지닌 아이들이 태반이었다. 그런데 30년 가까운 교직 생활에서 한 번도 경험해보지 못한 마음들이 거기에 있었다. 상상으로도 닿지 못했던 헌신의 공동체가 살아 있었던 것이다. 선생님들, 행정직원들, 학부모들까지 아이들을 행복하게 하는 일이라면 물불 가리지 않고 힘을 합쳤다. 우리 아이들에게 뭐라도 하나 더 가르치고 싶고, 체험하도록 하고 싶고, 집보다 더 아늑한 교실을 만들어주고 싶어서 안달이었다. 어쩌면 그렇게 모두의 마음이 모일 수 있었을까. 내가 매 순간 감동하고 감사할 때마다 들은 말은 '강민정 샘과 함께 만든 거예요', '강민정 샘이 없었다면 해내지 못했을 거예요'였다. 떠난 지 몇 년 뒤까지도 이런 말을 들을 수 있는 사람이 세상에 얼마나 있을까.

책을 읽으며 그는 정치인으로서도 한결같았구나 하고 다시 한번 느낀다. 교사로서, 교육운동가로서, 그리고 국회의원으로서 강민정은 언제나 '아이들'을 중심에 두었다. 교실에서 마주한 한 명 한 명의 학생을 통해 세상을 보았고, 국회라는 낯선 공간에서도 여전히 아이들 목소리를 대변하고자 했다. 이 책은 그런 그의 한결같은 마음의 궤적이다.

교육은 사람 그 자체를 다루는 일이며 결과보다 과정이 중요한 일임을 잊지 않고, '모든 의정활동은 아이들을 기준으로 판단하고 결정한다'고 그는 적었다. 성취에 취하지 않고 한발 더 나아가기 위해 집요하게 전력을 다하는 사람, 그럼에도 '더 열심히 했어야 한다'고 자책한다. 변함없이 강민정답다.

이 책이 특별한 이유는 단지 정치 참여의 기록이 아니라 '교사의 마음으로 정치를 바라본 사람'의 성찰이 담겼기 때문이다. 그는 국회에서조차 교사처럼 경청하고, 설명하며, 설득한다. '좋은 의도가 항상 좋은 법을 만드는 건 아니다'는 말과 그가 발의한 법안들을 보면 교육의 내용과 현장 사정을 속속들이 알고 있기에 가능한 일이다. 빠른 성과보다 지속 가능한 변화를 택하고, 타협 대신 신뢰를 세우려 애쓴다. 그런 자세는 정치의 언어로 쉽게 표현되지 않는, 진정한 교육자의 품성에서 비롯된 것이다.

_고효선(전 관악중학교 교장)

◆

강민정 선생님을 처음 만난 건 2017년, 그가 징검다리교육공동체 상임이사로 일하던 시기였다. 당시 나는 훌륭한 교사 선배이자 교육 운동가로서 그의 활동을 멀리서 응원하는 젊은 교사였다. 그러다가 2019년 함께하는장애인교원노동조합을 설립하며 장애인교원의 권익 활동을 시작한 뒤, 그리고 2020년 그가 국회에 입성한 뒤 우리는 자연스럽게 더 가까운 거리에서 교육문제를 함께 바라보게 되었다. 그 이후 4년 동안 나는 여러 현장에서 그를 마주치며 한 정치인이 얼마나 현장 속으로 깊게 걸어 들어갈 수 있는지, 그리고 어떻게 교사들의 현실을 자기 언어로 받아 안을 수 있는지를 직접 확인했다.

그는 늘 '기록하는 사람'이었다. 국회의원이 되기 전부터 칼럼을 통해 현장의 문제를 알리고 대안을 모색했다. 의정활동 중에도 소셜 네트워크를 통해 쉼 없이 소통하는 모습을 보며, 나는 언젠가 이 시간들이 한 권의 책으로 묶여 나오리라 직감했다. 그래서 이 책이 더 반가웠는지 모른다.

강민정 선생님은 언제나 남들이 외면하는 곳, 눈길이 닿지 않는 영역을 가장 먼저 응시하는 사람이다. 그는 학생, 장애인, 베트남전쟁 피해자, 이태원 참사 유가족 그리고 이름조차 호명되지 못한 수많은 주변부의 사람들을 국회로 불러들이고자 했다. 특히 2021년은 내가 그의 진심을 깊이 느낀 해였다. 진주교대에서 시각장애 학생의 성적을 조작해 낙제시킨 사건이 폭로되었을 때 그는 가장 앞장서 문제를 제기했다. 또 국정감사에서 나를 참고인으로 불러 장애인교원이 겪어 온 차별의 현실을 수면 위로 드러냈다.

그해 이후 잠깐이지만 교육부와 장애인단체 간 실무협의체가 구성됐다. 교육부가 장애학생, 부모, 장애인교원을 모두 한자리에서 만난 것은 그때가 유일했다. 강민정 선생님의 숨은 노력 덕분에 장애인 당사자 그룹이 교육부와 대등한 파트너로 협의 테이블에 참여할 수 있게 된 것이다. 이런 공식적 대화는 별것 아닌 것 같아도 진주교대 사건으로 찢긴 마음을 위로받는 드문 순간이었다.

이 책은 이처럼 작지만 큰 변화가 어떻게 만들어지는지 그 과정을 엿

볼 수 있는 소중한 기록이다. 동시에 교사 출신 국회의원이 척박한 현실 정치 속에서 소수자의 목소리를 '정치의 언어'로 번역해내는 일이 얼마나 어려운가를 생생하게 증언하는 기록이기도 하다. 강민정 선생님은 교사에게 채워진 정치적 족쇄가 왜 교육개혁을 가로막는지, 왜 교육은 늘 "모두의 문제이지만 누구의 문제도 아닌" 상태로 방치되는지, 자신의 의정활동 경험을 통해 솔직하게 그려낸다.

강민정 선생님이 국회의원으로서의 임기가 끝나는 날, 전국장애인차별철폐연대의 '출근길 지하철 타기 운동' 투쟁 현장인 혜화역에 함께하는 모습을 보면서 나는 고 노회찬 의원을 떠올렸다. 국회를 나서는 그의 뒷모습에서 늘 현장 속에 있으려고 노력했던 노회찬 의원 모습이 겹쳐 보였던 것이다. 일반인 신분으로 돌아온 지 얼마 되지 않아 페이스북에 "이제부턴 다시 저를 '선생님'이라고 불러주세요"라고 썼을 때 참 선생님답다고 생각했다. 그는 4년 동안 말 그대로 '우리 편'이었다. 그의 부재를 지금도 많은 교사와 장애인단체가 체감하고 있다.

이 책은 4년 간 의정활동을 담은 회고록이자, 길을 찾으려는 이들을 위한 안내서다. 독자는 강민정 선생님의 스토리텔링을 통해 우리 눈앞의 문제를 어떤 관점으로 풀어갈지 통찰을 얻을 수 있다. 그뿐 아니라 거대한 현실정치의 문법 앞에서 막막함을 느낄 때 어떤 방식으로 접근해야 할지 실마리를 찾을 수 있다.

강민정 선생님은 정치가 교육을 위해, 그리고 가장 "아프고 힘든 사람들"을 위해 무엇을 할 수 있는지 묻는다. 이 책은 같은 질문을 품은 교육운동가들에게 변화의 길위에서 참고할 수 있는 소중한 지도가 될 것이다.

_김헌용(함께하는장애인교원노동조합 위원장)

◈

강민정 의원님(선생님)의 코드는 진심과 정의이다. 아이들의 실태와 우리 교육이 처한 현실의 본질을 가장 정확하게 진심으로 아시는 분이다. 그리고 정의로 가는 길에 뒷걸음질이 없는 분이기도 하다. 그래서 가장 본질을 잘 이해하고 접근하고자 하시는 분이다. 강민정 의원의 마음이 담긴 이 책에 기반하여 우리 교육의 현재, 그리고 다가올 미래를 제대로 준비할 수 있다. 더불어 돌봄과 사랑이 있는 곳에서 희망이 싹트기 마련이다. 이 책은 그 돌봄과 사랑을 느낄 수 있는 책이기도 하다. 지금의 현장에서 학생, 교사, 학부모가 서로 돌보고 서로 사랑하는 길을 만들지 않고서 앞으로 가기는 힘들다. 진심과 정의, 돌봄과 사랑에 기초해 협력적 공동체를 만드는 일에 제격인 사람이 강민정임을 알려주는 책이라고 말하고 싶다.

_김현수(성장학교 별 교장, 명지병원 정신건강의학과 임상교수)

◈

교사 출신 국회의원이 당선되었다는 소식에 반가움도 잠시, 나는 학교 일상의 고단함과 바쁨에 젖어 들었다. 2023년 서이초 투쟁으로 수십만 교사들이 거리로 나왔을 때 비가 오던 날 마이크를 잡고 교사들에게 이런 사태를 막지 못해 미안하다며 사과하던 그를 다시 보게 되었다. 발언은 기억에 흐려져 있어도 느낌은 분명하게 남았다. 또렷하고 따뜻했다. 국회의원 임기가 끝난 뒤 만났던 강민정 의원에게서 선배 교사의 따뜻함과 과감히 교직을 내려놓았던 강단을 느낄 수 있었다.

강민정 의원은 교단에서 아이들을 바라보던 따뜻한 눈으로 국회를 바라보았다. 법과 제도 속에서도 교육의 본질을 잃지 않으려 했고, 교사의 정치기본권을 이야기할 때조차 '교사가 시민으로 설 때 아이도 주체로 선다'는 신념을 잃지 않았다. 책장을 넘기다 보면 수많은 교사의 일상과 고민, 그리고 교육의 좌절과 가능성이 함께 스민다. 교사로서의 성찰과 정치인으로서 책임이 맞닿으며, 우리가 함께 걸어온 '참교육의 길'이 어떤 의미였는지를 조용히 되묻게 한다.

오늘의 교육은 여전히 혼란스럽고, 교사들의 숨결은 버거운 현실 속에 갇혀 있다. 그러나 이 책은 우리에게 묻는다. "그래도 포기하지 않을 거죠? 아이들의 웃음을 지키는 일, 그것이 곧 민주주의의 시작 아닐까요."

국회에서 4년의 기록은 새하얀 눈길에 찍힌 발자국이자 새로운 시대를 염원하는 이들을 향한 응원봉 불빛이었다. 그 불빛이 더 많은 이들의 가슴속에서 타올라, 교실과 사회가 함께 밝아지는 내일을 그려본다.

_박영환(전국교직원노동조합 위원장)

❖

교실은 늘 사회의 축소판이었다. 교사들은 매일 아이들을 통해 세상의 모순을 배우고, 동시에 세상을 바꾸는 가능성을 발견한다. 그러나 교육의 문제를 교육만의 일로 가두어두는 사회에서 교사의 목소리는 종종 벽에 부딪힌다. 이 책은 그 벽을 넘어, 교사 한 사람이 어떻게 '정치의 언어'로 아이들의 삶을 지키고자 했는지를 보여준다.

저자는 오랜 교직의 현장을 딛고 국회로 향했다. 그 길은 결코 권력의 길이 아니라, 교육의 이름으로 정치의 본질을 되묻는 '가시밭길'이었다. 교사로서 아이들의 질문에 귀 기울이던 사람이, 국회에서도 여전히 시민의 목소리를 놓지 않았다. "교육이 변해야 세상이 변한다"는 신념 아래, 그는 법과 제도의 언어로 교육의 자주성과 전문성을 지키려 애썼다.

우리는 흔히 '정치는 더럽다'고 말하지만, 사실 더러운 것은 정치가 아니라 정치의 부재다. 교육의 현장에 정치가 없을 때, 그 공백을 메우는 것은 권력의 논리이기 때문이다. 이 책은 교사들이 왜 정치적 존재로서 깨어 있어야 하는지를, 교사 출신 국회의원의 생생한 기록으로 증명한다.

아이들의 행복을 지키는 일은 결국 더 나은 사회를 만드는 일이다. 교실에서 국회까지 이어진 한 교사의 여정은, 교사와 시민 모두에게 묵직한 질문을 던진다.

"당신은 지금, 아이들이 살아갈 세상을 어떻게 만들고 있는가?"

교사로서, 그리고 교사노조 동지로서 나는 이 책이 던지는 질문 앞에서 오래 머문다. 교육과 정치, 교실과 세상을 잇는 이 책이 더 많은 이들의 손에 닿기를 바란다. 이 책을 통해 다시 한번 확신한다. — 민주주의는 교실에서 자란다.

_이보미(교사노조연맹 위원장)

❖

'눈 덮인 들판 함부로 어지러이 걷지 말라'

백범 김구 선생이 평생 좌우명으로 삼았다는 이양연의 '야설'이라는 시구절이다. 모든 선생님이 교단에서 처음 아이들을 만날 때, 옷깃을 여미며 가슴에 새기듯, 이 책을 읽으며 느끼는 이미지다.

이 책은 제21대 국회에서 유일한 평교사 출신으로 활약한 교육운동가 강민정 선생님이 전국 50만 교사들께 드리는 4년간의 의정 보고서이다. 80년대 학생운동에서 시작하여, 90년대 늦깎이 교사가 되어 학교현장에서 온갖 제약과 싸우다가, 진보교육감 시대에 혁신교육의 전도사가 되어, 치열하게 살아온 이력에서 보여주듯 4년간의 의정활동 또한 원칙에 충실한 모범 정치인의 모습을 여실히 보여준다.

요즘 정치권에서 교원의 정치기본권에 대한 논의가 한창 진행 중이다. 머잖아 저자처럼 정치에 참여해서 교육을 바꾸고 세상을 바꾸고 싶다는 교육운동가들에게 정치를 안내하는 입문서가 되면 좋겠다. 그리고 정치권과 연대해서 교육개혁을 이루어 보겠다는 전국의 교육시민운동 활동가들에게 정치인 사용 설명서로 필독을 권하고 싶다.

여의도 문법보다는 교육문법에 충실하면서.

_이부영(전 전교조 위원장)

❖

미국의 국가 청소년 과학 위원회에서는 2024년에 청소년의 정신건강에 관한 과학적 연구 결과를 10여 쪽의 보고서로 이해하기 쉽게 제작해 발표했습니다. 초기 청소년, 즉 사회에서 말하는 중학생들의 긍정적인 정신건강을 위해 4가지 핵심 영역에 관심을 가져야 한다고 말합니다.

4가지 핵심 영역은 1) 독립성, 탐구, 학습, 2) 정서 및 행동 조절, 3) 강력한 관계망 구축, 4) 수면입니다. 특히 9~10시간 정도 양질의 수면이 꼭 필요하다고 합니다. 그러면 늦어도 11시 전에는 잠들 수 있어야죠.

얼마 전 서울시의회에서 학원의 심야교습 시간을 12시로 확대하는 조례를 통과시켰습니다. 이는 정말로 아이들을 위한 조례였을까요? 만약 교사 출신 서울시 의원이 다수였다면 학원의 심야교습 시간 확대 조례는 어떻게 되었을까요?

이 책에는 학생들을 대상으로 하는 사회적 행위인 교육의 가치와 의미를 깊이 이해하고 모든 학생의 건강한 성장과 발달에 적합한 사회를 만들기 위해 분투하는 정치인이 늘어나야 하는 이유가 담겨 있습니다.

대한민국 국회 교육위원회에서 교사로서의 정체성과 전문성을 갖고 교육을 위한 사회를 꿈꾸며 부딪쳐 온 강민정 전 국회의원의 정치 참여

여정이 교육을 위한 사회로의 패러다임을 한층 더 가속화하는 계기가 되기를 온 마음으로 기원합니다.

_천경호(실천교육교사모임 회장)

◆

나는 강민정 선생의 화장기 없는 얼굴이 좋다. 온갖 가식과 가면으로 얼굴에 화장을 덕지덕지 해야만 버틸 수 있는 곳이 바로 정치판 아닌가?! 그곳에서 그녀는 네 해를, 그 어떤 꾸밈도 없이, 오직 교사의 얼굴로 버텼다.

이 책 《진짜 혁신교육》은 한 교사가 교단을 넘어 국회라는 낯선 공간으로 들어가, 교육의 언어를 정치의 언어로 번역해낸 기록이다. 정치의 세계에서조차 '교육의 본질'을 놓지 않으려 애쓴 그녀의 고투는, 오늘의 교사들이 처한 현실을 가장 깊이 이해하고 품은 발자취다.

교사의 정치기본권이 여전히 박탈된 나라에서, 강민정 선생은 "교육이 바뀌면 세상이 바뀐다"는 믿음으로 그 벽을 두드렸다.

그런 의미에서 (사)좋은교사운동이 늘 주장해온 교육 공동체의 회복과 교육의 공공성이 존중받는 세상은 강민정 선생이 걸어온 길, 꿈꾸어 온 세상의 연장선 위에서 서로 맞닿아 있다고 본다.

그녀가 정치의 공간에서 보여준 진심과 용기는 우리가 다시금 '정치적 존재로서의 교사'라는 정체성을 성찰하게 한다. 나는 이 책이 교사들에게는 위로가 되고, 교육을 사랑하는 이들에게는 용기가 되며, 정치인들에게는 거울이 되리라 믿는다. 그리하여 언젠가, 우리 모두 정치적 '화장기 없는 얼굴'로 서로를 마주 보는 세상이 오기를 바란다.

그때 비로소 교육이, 그리고 정치가 사람의 얼굴을 닮게 될 것이다.

_현승호(좋은교사운동 대표)

전국교직원노동조합 대회 딸과 함께

노곡 중학교 교사합창단(1999년)

교사 시절 학생들과 함께(2012년)

교사 시절 혁신연구 수업을 진행하는 모습(2012년)

북서울중 교사 연수

혁신 교육지구 활동가 워크숍(2015년)

서울 서이 초등학교 교사 사망사건 49재 추모식

서울 서이 초등학교 교사 사망사건 49재 추모식

2부

국회 교육상임위원회의 새바람이 되다

1부가 비교적 일반적이고 전체적 관점에서
현실정치와 교육의 관계와 그 실태에 대한 이야기라면,
2부에서는 교사 출신 국회의원 정체성을 갖는 내가
교육문제 해결을 위해 국회에서 했던 교육상임위 활동에 관해
몇 가지 구체적 사례들을 나누고자 한다.
굳이 얘기하자면 교육상임위 위원이라는 행위 주체로서
어떤 관점과 목적을 갖고 활동했는가를
드러내는 일이라 할 수 있다.

장관과 국회의원을
고개 숙이게 만든 학생

"우리는 교육으로 고통받고 있어요."

"어른들은 '주52시간제'를 통해 노동 시간을 법으로 제한했지만, 저희의 '쉴 권리'는 무엇으로 보장받나요?"

2019년 2월 스위스 제네바에서 열린 유엔 아동권리위원회 사전심의에 제출되고, 집필진 대표 네 명이 제네바로 가서 심의위원들에게 직접 설명한 대한민국 아동보고서 일부다. 이 보고서는 2015년부터 2017년까지 '아동권리 스스로 지킴이' 모임에서 활동했던 340여 명 청소년 중 23명이 직접 작성했다.

나는 교육계 출신 국회의원으로 임기를 시작하면서 교육문제 해결을 소임으로 해야 한다는 생각을 했다. 그런데 교육문제는 우리 사회 여러 분야 문제들과 서로 얽혀 있기도 하지만, 직·간접적으로 교육 관련 다양한 관계자들의 이해관계와도 얽혀 있는 문제다.

학생, 교사, 학부모, 교육시민사회가 때론 한목소리로 견해가 일치할 수 있지만, 때론 서로 다른 입장이 충돌하기도 한다. 예를 들면 자사고·특목고 유지나 폐지와 같은 문제, 무상급식을 둘러싼 대립, 입시제도 논쟁, 최근에는 이재명 정부 서울대 10개 만들기 정책을 두고 제기되는 국립대와 지방 사립대 간 논쟁과 갈등 등이 그렇다.

교육문제를 둘러싸고 이루어지는 논란과 갈등 역시 사회경제적 배경에 따른 이해관계 충돌에서 자유로울 수 없다. 사회경제적 배경에 따른 이해관계만이 아니라 각자 위치에 따른 입장 차이도 불가피하게 발생한다. 이 점에서 교육문제 역시 본질적으로 정치적 문제다.

사정이 이럴 때 유일한 교육계 출신 국회의원인 나는 어떤 원칙과 기준을 가져야 하는가 하는 문제는 의정활동에서 중요한 문제였다. 특히 교육의 1차 당사자인 교사와 학생은 자신의 견해를 밝힐 사회·정치적 수단이나 통로를 제대로 갖지 못하고 있다. 교사는 정치적 무권리 상태로 인해, 학생들은 교사들이 가진 투표권조차 없다는 사실로 인해.

그나마 학부모들은 학부모시민단체를 통해, 교사들은 교원노조나 교육시민단체를 통해 종종 사회적 발언을 하지만 정작 교육에서 가장 중요한 학생들은 그 어떤 사회적 발언 통로나 수단을 가지고 있지 못한 게 현실이다. 따라서 내가 비록 교사 출신이고 교육시민단체 활동을 했지만 국회에서 가장 중심으로 삼아야 하는 것은 550만 아이들이라는 생각을 했다.

모든 의정활동은 '아이들'을 기준으로 판단하고 결정한다. 이것이 2020년 10월 21대 국회 첫 국정감사장에 학생을 서게 한 배경이기도 하다. 그동안 아주 드물게 학생이 국회에서 마이크 앞에 서긴 했으나 주로 특정한 교육 관련 사안 관계자 자격으로 선 것이었다. 나는 학생이 우리 교육의 직접적 경험자이자 당사자로 자신의 이야기를 할 기회가 마련되어야 한다고 생각했다.

물론 일회적 발언이 아니라 학생들이 상시적으로 의견을 개진하고 소통할 수 있는 공적 창구가 마련되어야 한다. 가장 바람직한 것은 학생회를 법적 기구로 만드는 것이다. 당연히 교사회와 학부모회도 법적 기구화하여 학교 내 민주적 의사소통과 의사결정 구조를 갖추어야 한다. 그러나 현실은 일부 시도 교육청 차원에서 학부모회만 조례로 인정되고 있을 뿐이다.

정책 결정을 하는 의원도 장관도 대부분 관료나 교사나 학부모를 통하거나 아니면 이론적 연구 결과를 통해 현실을 파악하고 그

것을 근거로 정책을 결정한다. 국회의원도 교육부 장관도 학생이 생각하는 우리나라 교육 이야기를 직접 듣는 경우는 많지 않다. 나는 학생이 직접 국회에 서서 자신의 이야기를 하는 자리를 마련해야 한다고 생각했다.

이런 생각으로 유니세프 한국위원회를 방문해 보고서 집필진으로 참여했던 학생들과 간담회를 했다. 학생들이 이야기하는 우리 교육문제는 너무도 생생하고 듣는 내내 부끄러움을 감추기 어려웠다. 이들은 성적이 나빠 차별당하고, 학업 스트레스 때문에 스스로 목숨을 끊고, 학교 의사결정에서 배제돼야 했던 한국 청소년 이야기를 보고서에 담았다.

나는 제5·6차 유엔아동권리위원회가 열린 제네바에서 직접 보고서 발표를 했던 학생 중 한 명을 국회의원 임기 첫 국정감사장 진술인으로 세웠다. 당시 발언한 학생은 한국 공교육 12년을 온전히 경험하고 대학 진학을 코앞에 둔 고3 학생이었다. 학생 당사자로 누구보다 한국 교육에 대해 잘 이야기할 수 있는 진술인이었다.

2020년 국정감사장에서 12년 한국 공교육을 경험한 고3 학생이 교육부 장관과 교육상임위원장, 교육상임위 국회의원, 배석한 교육부 고위 관료들을 앞에 두고 한국의 교육 현실에 대해 학생 자신의 목소리를 냈다. 그의 이야기는 당당하고 조리 있었으며 그러나 한없이 어른들을 부끄럽게 하는 이야기였다. 국회 교육상임위원회 회의실이 숙연해졌다.

교육부 장관도, 교육상임위원장도 학생 발언에 충분히 공감하고 대책을 강구하겠다 답했지만, 변화는 느리고 심지어 교육현장 문제들은 악화되고 있다. 아이들이 아프다고, 힘들다고, 비록 어리지만 한 인간으로서 그 존재를 오롯이 존중받고 싶다고 외치고 있지만 우리 현실은 그들의 외침에 충분히 답하지 못하고 있다.

유니세프 아동연구조사기관인 이노첸티연구소는 2025년 5월 선진국 아동·청소년의 복지 실태를 분석한 〈예측 불가능한 세계, 아동 건강〉 보고서를 발표했다. 보고서에 의하면 한국 아동·청소년 기초학력 성취도는 40개국 중 1위지만 신체건강은 하위권, 정신 건강은 최하위권에 머물고 있다. 2020~2022년 사이 15~19세 자살률 평균은 비교 대상 42개국 중 5위였다. 갈 길이 멀다.

현직 교사 국회의원
보좌관 쟁취 투쟁

　국회의원실에는 8명의 보좌진과 1명의 인턴이 의원과 함께 근무한다. 국회의원은 개개 의원이 다 헌법기관이다. 가장 중요한 업무가 법을 만드는 입법자로서 역할이지만, 각자 속한 상임위 소관 업무를 제대로 수행하여 정부가 국민 삶을 개선하고 민주공화국 가치를 지키며 발전시키는 데 복무하도록 감시하고 견인할 책무도 있다.

　따라서 의원은 법안을 만들기 위해서도, 행정부 감시와 견인을 위해서도 현장을 잘 알고 정책에 대한 이해도가 높지 않으면 안 된다. 그래서 국회의원들은 담당업무 수행을 위해 끊임없는 학습을 한다. 그러나 의원만이 아니라 함께 일하는 보좌진 역량도 의정활동 수준을 높이는 데 결정적 요인이 된다.

교육상임위 활동을 하는 국회의원 입장에서는 교사 출신 보좌진과 함께 일한다면 의정활동에 큰 도움을 받을 수 있다. 교사 출신 보좌진은 교육현장 경험이 많아 정책 현장 적용 과정과 정책 효과 및 정책 적용상 문제점과 한계 등에 대한 이해가 높아 의원 역량과 보좌진 역량이 합해지면 시너지 효과를 낼 수 있기 때문이다.

특히 주무부서인 교육부 장관과 관료들이 제시하는 정책이나 답변이 갖는 한계나 문제점을 포착해내는 것은 의정활동에서 대단히 중요하다. 문제를 실질적으로 해결하고 개선책을 제시하기 위해서는 꼭 필요한 능력이다. 문서와 답변은 화려하거나 늘 그럴듯하기 때문이다. 대부분의 공무원들이 열심히 일하고, 맡은 일을 잘하려 노력한다.

그러나 그럴듯한 자료와 답변으로 핵심을 가리고 일시적으로 비를 피하면 된다는 식으로 대응하는 관료들도 있다. 심지어 노골적으로 의원들을 무시하며 동문서답 답변이나 문제를 왜곡하는 자료를 답변으로 제시하는 경우도 있다. 그 기저에는 교육 전문가가 아닌 의원들이 구체적 문제에 대한 이해가 부족하다는 판단도 깔려 있는 것이기도 하다.

이래서는 제대로 된 업무 감시와 견인이 어렵다. 지난 이재명 정부 첫 교육부 장관 지명자 인사청문회 때, 답변하는 장관 후보에게 '즉답 피하고 동문서답하라'는 쪽지를 전달하는 관료들 태도는 국회 대응을 임기응변으로 피하면 된다고 생각하는 관료의 인식 수준을 잘 드러낸 것이기도 하다.

또 다른 사례를 들어보자. 윤석열 정부에서는 세수 부족으로 시도 교육청에 지급되는 교부금이 대폭 줄어드는 일이 매해 계속되었다. 국회 교육위에서 이 문제 해결책을 논의하였다. 장관은 교육청 예산 중 일부인 기금이 있어 해결 가능하다는 식의 답변을 했다.

그렇지만 교육청 예산 구조상 포함된 기금은 그저 남아나는 예비비가 아니다. 교육청은 독자적인 자체 징세권이 없기 때문에 예측 불가한 세수 감소 등으로 인한 재정 감축 상황 대비를 위해 지방재정교부금 안정화 기금과 학교 신·개축 및 시설개선 예산 등을 위한 시설환경 기금 등을 운영한다. 내국세에 연동되어 20.79%를 교부금으로 받아쓰기만 하는 현실에서는 불가피한 제도다.

이 기금들은 화수분이 아니며, 무엇보다 교육감 맘대로 끌어다 쓸 수 없게 한도가 정해져 있는 돈이다. 윤석열 정부 3년간 교육청에 배부되는 교부금이 30조가 넘게 줄어든 상태에서 교육청별로 한도까지 정해져 있는 기금으로 마치 이를 해결할 수 있는 것처럼 대답하는 장관은 교부금 구조와 운영 방식을 모르거나 아니면 알고도 무책임한 답변으로 면피하려 한 것이다.

질의하고 대책을 추궁하는 국회의원도 이런 교육청 예산 구조에 대한 이해가 전제되어야 장관 답변의 문제점을 지적하고 실질적 대책을 요구할 수 있다. 이런 사례는 무수히 많은 교육정책이나 제도, 예·결산 문제를 다루는 교육상임위에서는 결코 어쩌다 일어나는 드문 일이 아니다.

그런데 이렇게 구체적인 정책과 제도나 교육현장의 실제 문제들에 대한 풍부한 경험과 이해를 가진 교사는 국회 교육상임위 위원을 보좌할 수 없다. 현행법이 이를 제한하고 있기 때문이다. 교사정치기본권 보장을 의정활동 제1임무로 한 나로서는 교사정치기본권 보장을 위한 입법적 해결은 물론 이런 현실을 타개해나가는 것도 중요한 일 중 하나라 생각했다.

그래서 의원 당선 초기 의원실 보좌진을 구성할 때 현직 교사인 전경원 선생님을 사직이 아닌 휴직 상태로 의원실 정책 보좌관으로 채용했다. 교사들이 정당 가입이나 출마를 못 하는 현실이긴 하지만 전문성을 살려 최소한 국회의원 정책 보좌를 하는 사례를 만들어내는 것도 교사 정치활동 영역 확대에 있어 중요한 진전이라는 데 전 선생님이 기꺼이 의기투합해 주어 가능한 일이었다.

엄밀하게 말하면 국회의원 보좌진은 국회 소속 공무원이며 정당 소속 공무원은 아니다. 교육청 소속 국가공무원인 교사가 국회 소속 공무원으로 신분 이동만 될 뿐인 것이다. 국회의원 보좌진으로 근무하고 있어도 반드시 자신이 일하는 국회의원 소속 정당에 가입해야 할 법적 의무는 없다. 다만 일반적으로 자신이 속한 의원실 국회의원 소속 정당에 가입하는 사례가 많을 뿐이다.

임용 결심을 하며 관련 부처인 교육부, 법제처, 국회사무처, 교육청에 문의했다. 현직 교사가 직을 유지하고 국회의원 보좌관을 하는 일은 전무한 최초 사례였다. 때문에 국회는 가능한 조처인지 아닌지에 대해 명확하게 답하지 못했다. 교육부와 법제처는 '국가공무원법 65조에 위반되지 않는다면 가능하다'는 답변을 보내왔다. 서울시교육청도 같은 해석을 해주었고, 이에 따라 전경원 선생님 소속 학교에서 고용-휴직 처리가 이루어졌다.

사실 법제처와 교육부 법률 해석은 그 자체로 애매하기 짝이 없는 것이었다. 나는 이 사례가 국가공무원법 등 현행법에 부합하는지를 질의한 것이었기 때문이다. 그런데 '법 위반을 하지 않는다면'이라는 단서를 달아 '허용된다'는 답변을 해온 것이다. 적법성 여부를 물었는데 '법 위반이 아니라면 적법하다'라니. 물론 이는 전례가 없는 최초 사례이기 때문에 해당 기관들이 혼란에 빠진 결과라 할 수 있다.

이런 경우 엄격한 법 해석을 통해 새로운 기준을 마련해야 하며, 이때 과잉금지 오류에 빠지지 않으면서 국민의 기본권, 특히 정치참여권리를 확장하는 방향에서 결정하는 것이 타당하다. 이

것이 국민 참정권을 기본권으로 규율하고 보장할 것을 명령한 헌법정신에도 부합하는 일이다.

국회의원은 정당 사무를 담당하는 기관이 아니다. 의원 활동이 정당과 관여되는 부분이 있지만 국회의원은 국민 전체를 대표하는 기관으로 헌법이 그 권한과 책임을 부여한 입법기관으로서 책무를 수행하는 사람이다. 정당 소속이 아닌 무소속 국회의원도 있다. 그렇다면 무소속 국회의원 정책 보좌관의 보좌업무는 어떻게 해석해야 할까.

국회의원이 현장에 기반하면서도 바람직한 방향으로 현실을 개선하기 위한 법과 정책을 만들기 위해서는 충분한 전문성이 요구된다. 특히 상임위 활동에는 더욱 그렇다. 이 점에서 현장 경험이 풍부하고 누구보다 교육문제에 대해 연구와 고민을 많이 한 교사가 교육위 국회의원을 정책적으로 보좌하는 것은 금지할 일이 아니라 적극 권장할 일이다.

실제 국회의장은 전경원 선생님을 국회사무처 소속 일반직 4급 상당의 별정직국가공무원에 해당하는 국회의원 보좌관에 임명했다. 당연히 전경원 선생님은 다른 보좌진과 함께 내 의정활동을 보좌해왔다. 나는 드디어 현직 교사의 국회의원 정책 보좌의 새로운 사례가 만들어지고 있다는 생각에 뿌듯함을 느낄 수밖에 없었다. 아마 전경원 선생님도 마찬가지였을 것이다.

그러나 국회사무처는 보좌관 정식 임명 후 두 달 만에 전경원 선생님에게 정당인인 국회의원을 보좌하는 일은 교사의 정치활동을 금지하는 현행법(국가공무원법 제65조)에 저촉되니 의원 면직 대상이라는 통보를 해왔다. 임명 당시 손 놓고 있다가 의원 면직 통보를 보낸 것이 뜬금없는 일이지만, 행정적 통보를 받은 우리는 일단 보좌관 근무는 중단하되 법적 다툼을 통해 제대로 된 선례를 남기기로 했다. 그렇게 시작된 소송이 벌써 4년을 넘어서고 있다.

그 사이 1심, 2심이 진행되었다. 1심은 패소했지만 2심에서는 현직 교사의 국회의원 정책 보좌에 대한 의원 면직이 부당하다는 승소 판결이 내려졌다. 아직 최종심인 3심이 남아 있다. 그러나 대법이 항소심 판결 취지를 정확히 이해한다면 최종 승소 가능성이 높을 것이라 기대한다.

만일 남은 대법 소송에서 승소 확정되어 국회사무처의 교사 의원 면직 조처가 부당한 것이었음이 밝혀진다면, 현직 교사가 교직을 그만두지 않고도 고용휴직 상태로 국회의원 정책 보좌관으로 활동하는 일이 가능해진다. 이는 교사 정치활동 영역이 국회로까지 확장되는 의미 있는 첫걸음이 될 것이다.

교사정치기본권 보장에 대한 문재인 정부 태도

2018년 내가 활동하던 사단법인 징검다리교육공동체가 앞장서 전교조, 교사노조, 교총, 좋은교사운동, 실천교육교사모임 등의 교원노조와 단체는 물론 교사정치기본권 보장을 바라는 다수 교사들이 함께 모여 교사정치기본권을 제한하고 있는 국가공무원법 제65조[8]에 대한 헌법 소원을 냈다.

---

8) 국가공무원법 제65조(정치운동의 금지)
  ① 공무원은 정당이나 *그 밖의 정치단체의* 결성에 관여하거나 이에 가입할 수 없다.
  ② 공무원은 선거에서 특정 정당 또는 특정인을 지지 또는 반대하기 위한 다음의 행위를 하여서는 아니 된다.
    1. 투표를 하거나 하지 아니하도록 권유 운동을 하는 것
    2. 서명 운동을 기도(企圖)·주재(主宰)하거나 권유하는 것
    3. 문서나 도서를 공공시설 등에 게시하거나 게시하게 하는 것

2020년 4월 헌법재판소는 교원의 정당 결성·가입을 제한하는 것은 합헌이지만 '그 밖의 정치단체 결성과 가입'까지 금지하는 국가공무원법 제65조는 위헌이라는 부분위헌 판결을 내렸다. 모처럼 교육계가 한마음으로 힘을 모은 소중한 성과였다.

헌재는 위 법조항의 '그 밖의 정치단체'라는 규정이 지나치게 포괄적이고 모호하다는 이유를 설시하며 이 부분에 관한 부분위헌 판결을 한 것이었지만, 3명의 재판관은 이 조항이 지나치게 기본권을 제한하기 때문에 과잉금지 원칙에도 위배되어 위헌이라는 소수의견을 개진했다.

이 헌재 판결로 위 법조항은 교원의 정당 결성과 가입, 선거운동 참여만을 금지하는 것으로 제한되었다. 교사정치기본권 보장을 국회 의정활동 제1목표로 세운 나는 임기 초 헌재 위헌 판결을 반영한 대체입법안을 발의했다. 당연히 더 폭넓고 구체적인 정치활동 보장을 내용으로 하는 법안들이었다.

그런데 입법 통과를 위해 노력하는 과정에서 너무나 황당한 사실을 알게 되어 큰 충격을 받았다. 문재인 정부에서 국가공무원법

    4. 기부금을 모집 또는 모집하게 하거나, 공공자금을 이용 또는 이용하게 하는 것
    5. 타인에게 정당이나 그 밖의 정치단체에 가입하게 하거나 가입하지 아니하도록 권유 운동을 하는 것
  ③ 공무원은 다른 공무원에게 제1항과 제2항에 위배되는 행위를 하도록 요구하거나, 정치적 행위에 대한 보상 또는 보복으로서 이익 또는 불이익을 약속하여서는 아니 된다.
  ④ 제3항 외에 정치적 행위의 금지에 관한 한계는 대통령령 등으로 정한다.

을 다루는 인사혁신처가 2020년 12월 정부 입법으로 위 조항 위헌 판결을 반영한 대체입법안을 발의해 놓았던 것이다. 이 정부 입법안 내용은 실로 놀라운 것이었다.

정부가 발의한 대체입법안[9]은 현재 "위헌결정의 취지를 반영하여 공무원이 결성에 관여하거나 가입할 수 없는 '그 밖의 정치단체'의 범위를 명확하게 하는 것"이었다. 한마디로 교원의 활동이 제한되는 정치활동을 더 상세히 규정해 교원의 손발을 더 꽁꽁 묶는 법안을 발의한 것이다.

이는 헌재 판결 취지를 완전히 몰각한 것이라 하지 않을 수 없다. 사실 이미 문재인 정부가 교사정치기본권 보장에 대해 어떤 입장을 취하는지는 명확히 제시되었던 바가 있다. 문재인 정부 교육부는 2019년 헌재가 위 헌법 소원 판결 절차 진행과정에서 유관기관 의견 청취 일환으로 교육부에 의견을 요구했을 때, 현행법이

---

[9] 〈정부 국가공무원법 개정안〉 2020. 12. 28.
제65조제1항을 다음과 같이 하고, 같은 조 제2항제5호 중 "타인"을 "다른 사람"으로, "정당이나 그 밖의 정치단체"를 "정치단체"로 한다.
① 공무원은 다음 각 호의 단체(이하 "정치단체"라 한다)의 결성에 관여하거나 이에 가입할 수 없다.
  1. 「정당법」에 따른 정당 및 당헌·당규에 따른 정당의 조직
  2. 「정당법」에 따른 창당준비위원회
  3. 「정치자금법」에 따른 후원회
  4. 「공직선거법」에 따른 선거운동기구
  5. 그 밖에 특정 정당이나 선거로 취임하는 공무원(지방공무원을 포함한다), 그 선거의 당선인·후보자·예비후보자 등 특정인을 지지하거나 반대하는 것을 목적으로 하는 단체

'합헌'이라는 의견을 낸 바 있었기 때문이다.

당시 내가 이 사실을 알고 교육부에 강력 항의했던 기억이 생생하다. 그럼에도 헌재 부분위헌 판결이 난 후 나는 왜 순진하게 문재인 정부가 헌재 판결 취지를 살려 전향적인 입장 변화를 취할 것이라고 생각했을까. 기대와 반대로 교원 정치활동 금지를 오히려 강화하는 정부 입법안은 나를 분노케 했다.

즉각 정부 담당자 면담을 추진하고 정부 입법안 배경을 청취했다. 당연히 헌재 판결 취지에 대한 내 의견도 강력하게 피력했다. 정부는 큰 틀에서 반박하지는 않았지만 헌법정신과 민주주의 확대를 위한 적극적 노력을 해야 한다는 의지는 찾을 수 없었다.

결국 내가 발의한 대체입법안도, 정부 입법안도 21대 국회 임기 내내 다뤄지지 못한 채 임기 만료 폐기되었다. 교사 출신 국회의원으로서 나의 역할은 교사정치기본권을 박탈하고 있는 기존법 취지를 오히려 강화하려는 문재인 정부 의도를 제지한 정도에 그칠 수밖에 없었다. 참으로 실망스럽고 아쉬운 순간이었다.

전국 순회
교육현장 간담회

 국회에는 첨예한 갈등과 충돌이 일어나고 있는 문제, 긴급한 개선이 요구되는 문제들이 다양하게 모인다. 이런 문제들을 해결하기 위해서는 문제를 객관화시키고 이론적으로 분석하는 연구 전문가들 도움이 필요하다. 그러나 이것만으로는 부족하다. 문제가 발생한 지점 한가운데서 당사자로 겪고 있는 이들의 현장에서 체득된 의견이 반드시 필요하다.
 이런 문제의식에서 임기 내 전국 17개 시도 교육현장 당사자들을 만나야겠다는 생각으로 전국 순회 간담회를 추진하기로 했다. 지역 순회 시 교육감, 학생·청소년, 교사, 학부모들을 만나 각 주체들이 느끼는 문제와 개선이 필요한 사안에 대한 의견을 들었다. 가능하다면 대학생들을 만나는 자리도 마련했다. 각자가 처한 입장에서 현안이 다를 수 있기 때문이다.

첫 순회 방문지는 당시 전국교육감협의회 회장을 맡고 있는 김승환 교육감 지역인 전북이었다. 가급적 서울에서 멀리 떨어져 있어 중앙과의 소통과 만남 기회가 상대적으로 적은 지역 순서로 방문하는 것이 좋겠다는 생각에서 강원도에서 2차 순회 간담회를 진행했다.

그러나 임기 시작 후 얼마 지나지 않아 코로나 팬데믹 상황을 맞게 되면서 순회 간담회가 원활하게 추진되기 어려운 조건이 되었다. 결국 부산, 경남, 울산, 전남, 세종·충북, 인천 지역 간담회를 진행하고, 계획했던 전국 모든 지역 간담회를 마무리하지 못한 채 임기가 끝났다.

전국 순회 간담회 때마다 한편에서는 지역의 생생한 이야기를 듣고 접한다는 기대감과 다른 한편에서는 쏟아지는 많은 의견을 잘 받아 해법을 강구해야 한다는 책임감을 품고 새벽 출발하는 차에 올랐다. 이동 시간 외 거의 짬 없이 각 주체별 간담회를 진행하다 보면 서울로 돌아오는 시간은 자정을 넘기기 일쑤였다.

때때로 지역 상황에 따른 특별한 민원이 제기되기도 했지만 학부모 간담회는 모든 부모들 공통의 요구와 의견이 많이 개진되었다. 교사들은 비교적 전국 규모 교사단체 활동을 하는 경우가 많아서 제시되는 현안 의제들이 그래도 낯설지는 않았다. 나는 교사들과 간담회에서는 교사정치기본권 필요성을 강조하고 권리쟁취 주체로서 역할을 주문하기도 했다.

순회 간담회 중 유일하게 대학생들 이야기를 들을 수 있었던 것은 경남 방문 때였다. 열대여섯 명 대학생들과 나눈 이야기는 막연하게 생각하고 있던 지방 대학의 실상과 그로 인해 학생들이 겪게 되는 고통과 분노를 생생하게 확인하는 자리였다. 대학교육과 유·초·중등교육은 긴밀히 연결되어 있다. 입시 관문을 통과한 아이들이 대학에서도 여전히 고통을 겪고 있는 현실은 마음을 무겁게 만들었다.

교육 주체들과 만나는 전국 순회 간담회는 다양한 입법 과제와 정책 개선에 대한 생각들을 더 풍부하고 구체적으로 다듬는 데 큰 도움이 되었다. 이 순회 간담회 때 인연으로 지방대학생이 국회 국정감사장에 참고인으로 서서 학생 입장에서 본 지방대학 실상과 개선 요구를 발언하는 인연으로 이어지기도 했다. 현장과 결합하지 않은 법과 제도, 정책들은 생명력을 갖기 어렵다는 것을 다시 한번 확인하는 과정이었다.

코로나와 학생 정신건강, 코로나 키즈에 대한 경고

21대 국회는 사실상 코로나 팬데믹과 함께 시작되었다고 해도 과언이 아니다. 신종 플루나 메르스 때와는 비교할 수 없는 전 세계적 참사를 견뎌내야 했다. 6인 이상, 4인 이상 모이는 것조차 금지되던 초강력 방역 조치들이 이어지는 상황에서 아이들 수백 명이 매일 함께 모여 생활하는 학교 교육과정의 정상 운영이 어려워진 상태였다.

교육부는 결국 비대면 수업을 결정했다. 아이들은 학교가 아닌 집에서 수업을 받아야 했다. 학교는 교과 학습만 이루어지는 곳이 아니다. 수업 시간은 물론 학교의 일상생활 속에서 교사와 학생, 학생과 학생들이 상호작용을 통해 관계 맺기를 배우는 곳이다. 그

과정에서 인지능력이 향상되고 사회정서적 성장이 이루어지는 것이다.

그런데 코로나로 정상적 학교생활이 어려워짐으로써 아이들은 심각한 성장 결핍을 겪게 되었다. 특히 유치원, 초등학교, 중학교, 고등학교에 입학해 첫 적응 시기를 맞은 아이들에게 비대면 상황이 주는 불안, 부적응, 고립감 등은 치명적이었다. 이는 팬데믹이 끝난 이후에도 학교생활을 어렵게 만드는 원인으로 작용한다. 실제 팬데믹 종료 후 2~3년 차까지 마스크 벗기를 거부하는 학생들이 적지 않다는 사실이 이를 말해준다.

더구나 이 시기에는 그저 학교에 가지 못하는 것뿐 아니라 매일 각종 매체를 통해 감염자와 사망자 보고가 공유되던 상황이라 그런 사회적 분위기가 주는 공포와 불안의 무게를 아이들이 감당하기에는 너무 힘든 시간이었다. 실제 코로나19 확산으로 청소년 자살이 증가하고 우울 지표가 악화되었다는 결과 보고들이 발표되기도 했다.

부모들이 어느 정도 챙겨줄 수 있는 여건이 아닌 경우 아이들이 겪는 혼란과 고립감 등은 더욱 커질 수밖에 없었다. 또 디지털 환경과 역량의 격차는 곧바로 학력을 포함한 여러 교육적·사회적 격차를 심화시키게 된다. 이런 우려들을 심각하게 염려한 일부 학교에서는 학교 자체적 소통 과정을 통해 등교 대면 수업을 실시한 경우도 있었다.

거의 2년 가까이 비대면 수업과 부분 등교 수업 등의 형태로 지내게 된 아이들에게 이런 불안정한 과정에서 발생한 상처와 손실에 대한 사회적 관심은 거의 전적으로 학력 저하 문제에 집중되었다. 그러나 눈에 보이지 않는 비가시적 상처와 손실이 훨씬 큰 문제를 야기할 가능성이 더 높다. 특정 시점에 집단적으로 공동경험을 갖게 된 아이들이 팬데믹 기간 겪은 고통은 결코 개인 차원의 문제가 아니다.

실제 미국에서는 소아·청소년 정신과 전문의들이 모여 팬데믹이 아이들에게 끼친 영향을 점검하고 정부에 '국가 비상사태 선포'를 요구할 정도였다. 어른들도 팬데믹 기간을 견디는 것이 결코 쉽지 않았는데 하물며 어린아이들이야 더할 수밖에 없지 않은가. 나는 임기 내내 집단적 사회 현상인 코로나 키즈가 나타날 수밖에 없고, 이는 다양한 형태의 사회적 문제를 야기하게 될 것이라는 경고를 계속했다.

그래서 끊임없이 대면 수업이 가능한 여건을 위한 특단의 조처를 요구했다. 팬데믹 기간만이라도 한시적으로 사회적 거리두기가 가능하게 학급당 학생 수를 20명 이하로 줄이는 특별 대책을 수립할 것을 강력하게 요구했지만 정책당국의 응답은 없었다. 팬데믹이 사회적 재난이라면 그 재난의 규모와 크기에 맞는 대책이 강구되어야 마땅하다.

　어쩔 수 없이 학생 정신건강법안을 발의하고, 동시에 대폭적인 코로나 대응 긴급 교육 예산 편성을 요구했다. 그러나 교육부는 교육부에 직원 2명, 예산 12억인 학생 건강센터를 운영하고, 학생별 치료비를 지원하는 수준으로 대응했다. 코로나가 끝나도 코로나로 인한 문제는 끝나지 않는다. 성장의 관점에서 보면 지적 성장도 정서적 성장도 누적성을 갖기 때문에 특정 시점 이후에도 문제는 남아 지속적으로 영향을 끼치게 된다.

　코로나 긴급 구조·지원을 위한 추경 편성이 몇 차례 이루어졌지만, 교육 예산에 코로나 대응 특별 조치에 값하는 예산 편성도 이루어지지 않았다. 이는 내가 3차 코로나 추경 표결 때 홀로 반대 투표를 하게 된 원인이기도 하다. 코로나 2년으로 아이들마다 가슴에 커다란 구멍이 하나씩 뚫렸는데 어른과 사회, 국회와 정부 모두 그것을 보지 못하거나 못 본 척했다.

　그리고 코로나가 끝난 후 등교가 가능해졌을 때 어른들은 그저 코로나 이전 시기로 돌아가면 된다고 생각하며 대응했다. 수술이 끝나도 수술 부위가 아물고 일상생활을 할 정도 체력을 회복하는 기간이 필요한 것처럼, 우리 아이들에게도 코로나바이러스가 사라진 직후 팬데믹 기간 동안 받았던 상처와 고통을 치유할 시간과 특별한 지원이 필요했지만 우리 사회는 거기까지 생각이 미치지 못했다.

2024년 서울 초중고 자살 학생은 2020년에 비해 무려 182% 증가했으며, 자살 시도·자해 학생은 1,066%가 증가했다고 한다.[10] 이런 현상은 결코 서울에만 국한되는 것이 아닌 전국적 현상으로 나타났다. 2024년 한 해에만 자살 학생 수는 221명에 달하고, 2020년에 비해 2024년 소아·청소년 우울증 환자는 72.6% 증가했다고 한다. 2023년 학교를 떠나는 고교 자퇴생은 50명 중 1명꼴인 25,792명이었다고 한다.[11]

아이들이 코로나 팬데믹 기간 겪은 일상의 공백, 학습 공백, 관계 공백을 메우지 못한 결과다. 안 그래도 입시 경쟁교육 스트레스로 힘들어하는 아이들이었다. 마음건강에 문제가 생겼는데 아무리 긴 시간 열심히 공부한다 해도 아이들 성취가 건강한 것이라 볼 수 없지 않겠는가.

결국 임기 말 학생맞춤형통합지원법을 발의해 현행 지원 시스템이라도 개선하고 좀 더 깊이 있는 지원 대책의 물꼬를 트우는 차원에서 내 역할을 마무리할 수밖에 없었다. 학교, 교육청, 교육부 담당자들과 몇 차례에 걸친 간담회와 법안 검토 자리를 마련해 법

---

10) 청소년건강행태조사(교육부, 질병관리청 공동조사, 2025)
11) [단독]학교 떠나는 '코로나세대'… 고교중퇴 작년 2만5000명(2024.7.22. 동아일보)

안을 완성했지만, 임박한 총선을 이유로 법안소위가 아예 열리지 않아 법안을 통과시키지 못한 채 미완으로 끝났다. 22대 국회에서 재발의되어 통과되어 그나마 다행이다.

김건희의 논문 표절을
공론의 장에 올리다

2020년 말 윤석열 검찰총장은 판사 불법 사찰과 채널A 사건 감찰 방해 등의 사유로 2개월 정직이라는 징계를 받았다. 그러나 이에 대한 집행정지 가처분 소송에서 징계집행 정지가 인용되어 다시 검찰총장직에 복귀한 윤석열 총장은 3개월 만에 총장직을 사임하고 대선 출마를 선언하더니 국민의힘 대선 후보가 되었다.

평생 수사권을 휘두르던 검사 출신 검찰총장이 대선 후보로 직진한 초유의 사례였다. 대선 후보 경선 과정에서 뻔히 생방송으로 전 국민이 보는 후보 토론회에 참여하면서 손바닥에 왕(王) 자를 쓰고 나오는 기행을 했던 후보만큼이나 국민적 관심을 불러일으켰던 이는 그의 아내였다.

대통령 아내는 어떤 공적 직함을 갖지 않지만 대통령 공식 일정에 함께하는 경우가 많고, 특히 외교 무대에서는 대통령 동반자 자격으로 움직이는 사람이다. 대통령 배우자로서 직간접적으로 대통령에게 영향을 끼치는 위치에 설 수밖에 없는지라 대통령 후보 검증의 연장선에서 배우자가 주목받는 것은 어쩌면 자연스러운 일이다.

그러나 윤석열 대통령의 처인 김건희에 대한 각종 루머는 가히 후보 당사자인 윤석열보다 더 다양하고 괴이한 것들이 많았다. 그 중 하나가 박사학위로 대학 강단에까지 섰던 이력을 가능하게 했던 학위논문 표절 논란이었다. 윤석열 전 검찰총장이 대선 출마 선언을 한 후 대학연구윤리 문제를 다루는 교육위 위원인 나는 김건희의 논문 표절 진위를 확인해야 했다.

학위취득 자격을 얻기 위해 썼던 세 편의 학술지 게재 논문과 국민대 박사학위 논문을 들여다보지 않을 수 없었다. 항간에 떠돌던 소문처럼 '멤버 유지'를 '멤버 yuji'로 쓴 논문 제목은 단순한 실수나 해프닝이 아니었다. 학위논문을 비롯한 논문 네 편은 거의 모두 표절 종합선물세트 수준이었다.

대학생들이 1,000원 내고 리포트 자료를 구매하는 사이트의 글, 사주궁합 블로그 글, 인터넷 언론 기사, 공공기관 공모사업에 제출된 사업계획서, 다른 교수나 연구자 논문 등 참으로 다양한 표절 짜깁기 논문들이었다. 그마저도 무단표절 부분을 이어주는 문장들은 완전 비문투성이였다. 디자인 박사가 아니라 표절박사만은 인정해줄만 했다.

논문 표절을 확인한 뒤 2021년 7월 김의겸 의원과 함께 국민대와 교육부에 김건희 논문 조사를 촉구하는 국회 기자회견을 했다. 논문 검증 이후 김건희가 대학 강사로 근무하기 위해 여러 대학에 제출했던 허위 이력과 허위 수상 경력도 확인되었다. 김건희 논문 검증 문제는 2021년부터 2025년까지 매해 교육위 국정감사 안건이 되었다.

유력 대통령 후보 부인의 논문 표절과 허위 이력은 곧 전 국민적 관심사가 되었고 모든 언론 매체가 대통령 후보 부인 문제를 앞다퉈 다뤘다. 결국 최초 공식 문제 제기로부터 5개월 만인 2021년 12월 26일 김건희는 언론 앞에서 사과 기자회견을 할 수밖에 없게 되었다. 그러나 '날도 추운데 이렇게 많이 와주셔서 감사합니다'로 시작된 사과 기자회견마저 사람들에게 상식과 기대를 저버리는 황당함을 안겨주었다.

논란이 수습되기는커녕 오히려 더 커지는 상황이었다. 사과 기자회견 다음 날 JTBC가 나서 김건희 숙대 석사학위 논문 검증 결과를 발표했다. 석사논문 역시 40%가 넘는 표절률이 나와 김건희 논문 표절은 국민대 박사학위 이전부터 시작된 일이었음이 확인되었다. 때마침 7시간 녹취록 존재까지 알려지며 김건희는 대통령 선거에서 후보보다 더 뜨거운 논란 속 인물이 되었다.

국민대는 최초 문제 제기 후 처음에는 검증시효 도과를 핑계로 검증 자체를 거부하다가 여론 압력에 밀려 결국 4개 논문에 대한 재조사에 돌입했다. 그러나 시간 끌기를 하던 재조사마저 2022년 8월 최종적으로 표절 아님과 검증불가 결정으로 끝났다. 국민대인(人)이라는 것이 부끄럽다는 동문들의 일인시위가 이어졌다.

2022년 9월 6일 전국 교수들이 구성한 범학계 김건희 논문 국민검증단이 꾸려져 김건희 논문 검증 결과를 발표했다. 국민대가 회피한 책임을 타 대학 교수들이 나서서 지는 꼴이 되었다. 숙대는 동문들의 강력한 요구에도 불구하고 논문 검증 요구가 제기된 지 4년 만에 윤석열이 탄핵된 후에야 석사학위를 취소했다.

숙대와 국민대가 보여준 모습은 지성의 전당이라 불리며 헌법에서조차 그 자율성 보장을 명령하고 있는 대학의 위상을 한없이 실추시키는 일이었다. 더구나 국민대 경우에는 숙대 결정으로 인해 어쩔 수 없이 박사학위를 취소한 것뿐이다. 2022년 스스로 결론 내린 '표절 아님' 결정을 그대로 둔 채 박사학위를 취소한 국민대는 그래서 아직 해결해야 할 숙제를 안고 있는 셈이다.

최초의 대선 교육유세단,
'모두를 위한 교육유세단'

2022년 초 정국은 제20대 대통령 선거를 중심으로 움직이고 있었다. 대통령 선거는 유권자들에게 국가 운영 전반에 대한 비전과 계획을 제시하고 지지를 호소하는 일이다. 그러나 역대 대통령 선거에서 교육문제에 대한 논의가 활발하게 이루어지고 쟁점이 된 적은 거의 없었다. 그저 교육계 내부에서만 주로 관심을 받는 찻잔 속 태풍일 뿐이었다.

교육이 사회개혁 토대를 만드는 일이라는 점에서 어떻게든 교육문제를 유권자들에게 던지고 고민하게 하는 일은 선거에서 너무나 중요한 일 중 하나가 되어야 한다는 생각을 했다. 그러나 이를 위해 나설 사람도, 이를 고민하는 사람도 정치권에는 별로 없었다. 당은 교육 공약을 만드는 것으로 그 역할을 다한 것이라는 게 일반적 관행이었다.

그래서 나는 우리 의원실 보좌진들과 교육계 인사들을 중심으로 교육선거유세단을 만들기로 했다. 대통령 선거에 새로운 역사를 쓰는 것이 필요한 시점이었다. 우리는 선거 구호나 공약을 담은 각종 유세 홍보물을 준비하고 선거 유세송에 맞춰 율동 연습도 하며 본 선거운동 기간 중 전국 순회 교육유세 준비에 돌입했다.

우리는 공식 선거운동이 개시된 2022년 2월 15일 대학로에서 이재명 대통령 후보 교육선거유세단 첫 유세를 시작으로 전국 각지를 돌아 광주 - 전남 - 서울(관악, 노원) - 경남 - 부산 - 울산 - 대구 - 경북 - 충북 - 충남 - 전북 - 대전 - 경기(수원, 성남, 군포) - 강원 - 경기(고양) - 인천 - 서울(종로, 홍대앞) - 경기(하남, 남양주) - 경기(안산) - 서울로 이어지는 장장 5,000km의 교육유세단 대장정을 진행했다.

각 지역을 방문할 때마다 유세차에 올라 교육 공약을 알리고 이재명 후보 지지를 호소하는 유세를 이어갔다. 기꺼이 시간을 내 서울과 지방을 오가며 함께 유세차에서 지지 유세를 해주신 고마운 분들도 계셨다. 유세 사이사이 각 지역 교육 관계자들과 간담회도 진행했다. 학부모, 학교 공무직, 대학 관계자, 퇴직 교사, 지역 대학생·청년, 어린이집 관계자, 지역아동센터 종사자 등이 적극적으로 간담회에 참여해주었다.

유세 중에 사탕이나 음료를 전해주며 지지와 응원을 보내주신 분들도 적지 않았다. 유권자들도 대선 유세에서 교육정책이나 교육공약을 듣는 것은 아마도 처음 경험하는 일이었을 듯싶다. 간담회 결과를 반영해 이후 입법 활동 과제로 삼기도 했다. 전북 간담회에서 교육청 위탁으로 학업 중단 직전 학생들을 돌보는 분들로부터 들은 열악한 환경과 지원 상황을 개선하기 위한 입법 발의도 해 법안이 통과되기도 했다.

5,000km 전국 대장정 활동 기록과 자료들을 선거 후 책자로 엮어 민주당 의원들에게도 공유했다. 20대 대선 민주당 교육유세단 활동은 역대 대선에서는 물론 민주당 대선에서도 유례없는 첫 번째 사례일 듯하다. 늘 거대 담론에 묻혀 교육 이야기가 실종되는 대선에서 교육문제에 유권자들이 관심을 갖도록 하는 작은 변화의 계기가 되었기를 바라는 마음이다.

서이초 교사 집회와
교권 4법

2023년 7월 18일 교육계뿐 아니라 사회 전체에 커다란 충격을 주는 사건이 발생했다. 서울 서이 초등학교의 2년 차 교사가 본인이 근무하던 학교에서 생을 마감하는 비극적 사건이 발생한 것이다. 서이초 박 교사의 죽음은 그동안 교실과 학교 안에 갇혀 있던 교육문제가 세상의 전면에 드러나고 터져 나오는 계기가 되었다.

교육계 역사상 어떤 단체도 조직해내지 못했던 최대 규모의 자발적인 교사 집회가 열렸다. 주최가 없는 교사 집회가 서이초 교사 사망 직후 시작되어 매주 토요일 11차례에 걸쳐 진행되었다. 3~5만 규모에서 시작된 집회는 서이초 교사 49재인 9월 4일에는 30만 교사가 여의도 일대를 가득 채운 집회로 발전했다.

단 두 달 만에 연인원 80만이 참여한 교사 집회는 그 자체로 학교교육 현장의 아픈 속살을 전 국민이 알 수 있게 했다. 악성 민원에 고통받는 교사들이 소송 전쟁터가 된 학교를 고발하고 그 해결책을 한목소리로 요구했다. 기존 교사단체나 노조 등이 주관하지 않고, 매회 자발적 신청자들이 집회 운영진을 꾸려 진행되는 유례없는 형식의 집회였다.

경복궁역 인근에서 시작된 집회는 종로를 거쳐 여의도 국회 앞으로 옮겨왔다. 교육문제를 법적 방식으로 풀려고 하는 일부 학부모 악성 민원 해결을 위해서는 국회가 나서야 한다는 인식에 많은 교사들이 공감했기 때문이다. 집회가 거듭되면서 교권뿐 아니라 교육공동체 붕괴에 대한 다양한 이야기들이 쏟아져 나왔다. 나는 첫 집회 소식을 듣고 분노하고 절망하는 교사들과 함께하고 싶었지만, 유튜브 시청으로 대신할 수밖에 없었다. 가장 정치적인 요구를, 가장 정치적인 장소에서, 가장 정치적인 방식으로 풀기 위한 교사들의 행동은 역설적이게도 가장 비정치적인 모습으로 비쳐져야 한다는 압박에 부딪혔기 때문이다. 교육의 정치중립성에 대한 잘못된 해석을 근거로 교사들의 정치적 행동을 금기시하는 우리 민주주의 수준의 결과였다. '정치를 말하면서, 정치를 멀리하라'는 이 모순된 상황이 교사가 처한 현실이다.

네 번째 집회를 앞두고서야 각 정당 교육위 위원들에게 참여 요청이 들어왔다. 나는 이때부터 한 차례도 빠지지 않고 집회에 참여했다. 그러나 집회 진행 측으로부터 국민의힘 국회의원이 참여하지 않기 때문에 공정성 차원에서 발언 기회를 줄 수 없다는 안내 고지도 받았다. 단지 첫 번째 참여 때 간단한 인사말을 할 기회가 주어졌을 뿐이다.

내게 주어진 단 한 번의 발언 기회에 오늘의 이 비극적 상황에 정치의 책임이 크다는 사과와 함께 이를 반복하지 않기 위해서는 교사들이 정치에 목소리를 내고 정치에 참여하는 길이 열려야 함을, 그것을 위해 함께하자는 말을 했다. 교육현장과 동떨어진 법과 제도, 정책을 바꿀 길은 그것이라는 생각이 수만 명 모인 집회 현장 교사들을 보며 더욱 절절해졌기 때문이다.

국회는 곧바로 소위 교권 4법[12] 개정안 발의와 심의에 들어갔다. 국회의원 임기 4년 동안 처음 본 가히 빛의 속도로 이루어진 신속하고도 집중적인 법안 처리 과정이었다. 매주 이어지는 수십만 교원의 함성이 국회의원과 국회를 움직인 결과다.

---

[12] 서이초 사태를 계기로 교권 침해 행위에 악성 민원을 포함시키고, 학교장이 민원 처리를 책임지게 하고, 교사 아동학대 피소 시 교육감 의견 개진 절차를 두고, 교원 개인정보를 보호하고, 교원과 학교의 교육과 지도에 대한 학부모의 협조의무 부과 등을 내용으로 한 '교원지위 향상 및 교육활동 보호법, 초중등교육법, 유아교육법, 교육기본법' 개정(2023.9.27.)을 말함. 추후 법사위 소관 법인 아동학대범죄의 처벌 등에 관한 특례법, 일명 아동학대처벌법이 개정되어 '교원의 정당한 교육활동과 학생생활지도'를 아동학대로 보지 않는 내용이 추가되었다. 이를 합해 교권 5법이라 부르기도 한다.

그럼에도 불구하고 국회에서 이루어진 교권 4법 개정은 법안 자체의 불완전성이라는 한계와, 무엇보다 법 개정 취지를 살리기 위한 이행 조치가 뒤따르지 않음으로써 학교현장의 실질적 변화로 이어지기에는 한계가 뚜렷했다. 새로운 민원 시스템 구축을 위한 인력과 예산, 시스템 설계가 제공되어야 했지만 이루어지지 않은 것이 대표적이다.

교육부는 법안 통과도 되기 전에 '교원의 학생생활지도에 관한 고시'를 먼저 만들어 일방적으로 발표했다. 시행령이나 고시는 상위법에 귀속되는 하위법규 명령일 뿐이다. 법체계와 전혀 맞지 않은 법령 설치 역전 사례였다. 법이 먼저 있고, 그 법에 근거해 대통령 시행령이나 교육부 고시가 만들어져야 하기 때문이다.

윤석열 정부는 하위법규인 시행령이나 고시를 수단으로 상위 법률을 왜곡하는 일을 다반사로 저질렀다. 검찰청법 조항 일부인 '~등'을 무한 확장 규정으로 해석해 검찰권을 확대한 것이 그렇고, 교육부가 법보다 고시를 먼저 만들어 정치적 책임을 피하려는 면피성 조처를 한 것이 그렇다.

이로 인한 법 논리상 정합성은 차치하고라도 늘 그렇듯 고시 문서를 던져놓은 채 실행을 위한 실질적 조치들은 흐지부지해버리고 마는 일이 또 반복된 셈이다. 급한 불, 시끄러운 소리만 피하고 보자는 너무도 익숙한 모습이었다. 두 달 내내 교사들의 절박한 목소리는 핸드폰 문자로 매일 쏟아져 들어왔다. 어떤 날은 문자가 하루 2만 통 들어오기도 했다.

이렇게 뜨겁고 절박한 현장 목소리는 권한과 책임을 가진 제도 정치의 벽 앞에서 머뭇거리고 담장을 넘지 못하기 일쑤다. 그래서 문제를 가장 잘 아는 당사자인 현장 출신들이 정치참여권리를 충분히 보장받아야 한다. 이재명 정부 현장 출신 초대 교육부 장관에 기대가 커지는 이유다. 그 역시 무수한 현실정치 벽에 부딪히겠지만 현장의 눈으로 작은 진전을 만들 수 있을 것이기 때문이다.

대표발의한
교육 관련 주요 입법

교사정치기본권 보장법

내가 처음 열린민주당 비례 후보로 출마하면서 4년 의정활동 목표로 삼았던 첫 번째 과제는 교사정치기본권 회복이었다. 교사의 정치기본권이 박탈되고 있는 현실은 교사와 학생 모두에게 피해와 고통을 주고 있다. 나는 교사의 기본권 회복 뿐 아니라 아이들이 제대로 교육받을 권리를 회복하기 위해서라도 교사정치기본권 회복이 필요하다는 생각으로 교사정치기본권 회복을 위해 뛰었다.

교사정치기본권 보장이 정말 교사뿐 아니라 학생에게도 필요한 일일까. 교사정치기본권이 보장되면 오히려 아이들에게 피해가 간다는 주장이 더 합리적인 것은 아닐까. 이는 오랫동안 지속되어왔던 교육 목적에 대한 몰이해와 교육의 정치중립성에 대한 오해에서 비롯된 결과다.

박정희 군사독재 정권 때부터 헌법에서 규정한 '교육의 정치적 중립성'을 교사의 정치기본권 박탈과 탈정치교육 강제 근거로 삼아왔다. 그러나 이는 헌법이 규정한 '교육의 정치적 중립성' 정신을 완전히 왜곡한 것이다. 이는 헌법문언을 통해 쉽게 알 수 있다.

교육의 정치중립성을 논하는 헌법 제31조는 교육의 정치중립성을 의무가 아닌 '보장받아야 할 권리'로 규정하고 있다.[13] 이에 반해 1987년 추가·개정된 헌법 제5조는 국군이 지켜야 할 '의무'로 정치중립성을 규정하고 있다.[14] 박정희 정권은 교육의 정치중립성을 '권리'가 아니라 '의무'로 왜곡하여 하위법률들을 만들어냈다. 군사독재 정권의 교사정치기본권 박탈 작전이었다.

참정권은 헌법적 기본권이다. OECD 모든 나라에서는 정도 차가 있긴 하지만 교사정치기본권을 보장하고 있을 뿐 아니라, 같은 공직자임에도 일정한 제약이 따르는 공무원보다 일반적으로 더

---

13) 헌법 제31조 ④ 교육의 자주성·전문성·정치적 중립성 및 대학의 자율성은 법률이 정하는 바에 의하여 **보장된다.**
14) 헌법 제5조 ② 국군은 국가의 안전보장과 국토방위의 신성한 의무를 수행함을 사명으로 하며, 그 **정치적 중립성은 준수된다.**

폭넓은 권리를 보장하고 있다. 독일은 심지어 정치를 가르치는 교사들에게는 정치활동을 권장하기까지 한다고 한다. 아는 만큼 가르칠 수 있기 때문이다.

참정권이 박탈된 교사들은 정치에 무관심한 삶을 내면화하도록 강요받는다. 박정희 정권의 기본권 박탈 작전은 교육의 정치중립성을 교사정치기본권 박탈로 왜곡시켜 촘촘한 하위법들로 교사들을 옭매는 것이었다. 정당이나 선거에 얼씬하지 못하는 것은 물론 지방교육자치 시대에도 이어져 교육정책을 다루는 교육감 선거 후보 공약에 관여하는 것조차 범법 행위로 처벌해왔다.

선거 펀드가 없던 시기 펀드형 교육감 후보 선거 후원으로 해임·구속된 교사들이나 옛 민주노동당 월 1만 원 후원으로 처벌받은 1,500여 교사들, 졸업한 제자 4명에게 총선 지지를 호소한 백금렬 교사 해임 사건, 조희연 서울 교육감 교육감직 박탈 등은 모두 교사 정치기본권을 박탈하고 있는 현행법이 그 근거가 된 사건들이다. 선거 때 후보 SNS에 '좋아요'를 눌러 징계받은 경우도 있다.

'교육의 정치중립성=교사 참정권 박탈과 교육의 탈정치화' 등식은 교사들로 하여금 자기검열 뇌구조를 장착하게 만들었다. 이는 교사를 탈정치적 존재로 만들 뿐 아니라, 교육기본법 제2조가 명령하고 있는 '민주시민의 자질을 갖추게 하는' 교육 목적 달성도 어렵게 한다. 아이들이 학교를 졸업하고 살아갈 세상의 많은 문제들이 다 정치와 관련 있는데 아이들은 정치를 배우지 못한 채 사회로 나간다.

이 등식은 학교와 교실에서 정치적 사안을 다루는 것 자체를 중립성 위반으로 간주한다. 그 결과 아이들은 본질적으로 정치적 성격을 갖는 사회적 쟁점 현안들을 교실에서 배우지 못하고, 유튜브를 통해 혹은 또래 친구들을 통해 배울 뿐이다. 너무나도 다양한 해석과 관점이 존재하는 디지털 세상에서 아이들은 어떤 기준과 잣대도 없이 홀로 항해하고 홀로 던져진다.

사회를 발칵 뒤집어놓았던 리박스쿨 사태 같은 것에 현재의 학교는 어떤 보호막도 없이 노출되어 있다. 리박스쿨처럼 제도 허점을 비집고 들어와 조직적으로 아이들에게 접근한다면 이를 원천적으로 차단하기는 쉽지 않다. 물리적이고 행정적 방식도 필요하지만 아이들이 스스로 사고하고 판단할 수 있는 힘을 갖도록 해야 한다.

정치 문해력을 갖도록 하는 교육은 학교와 교실 안에서 쟁점이 되고 있는 사회 현안을 다룰 것을 요구한다. 선거의 4대 원칙을 또박또박 대답할 줄 안다고 해서 그것이 건강한 유권자 자질을 갖추었음을 뜻하지는 않는다. 수학 문제풀이나 영어 문법에 능통하다고 그 자체로 공익적 가치를 이해하고, 자신이 속한 공동체 문제에 관심을 갖게 되는 것은 아니다.

스스로 사고하고, 다른 사람 의견을 경청하고, 존중하고 배려하며 공감의 태도를 배우면서 비판적 사고력을 갖추는 일은 민주주의를 살아내고 민주주의를 학습함으로써만 가능하다. '전교 1등 출신 의사와 지방공공의대 출신 의사' 운운하는 의사들이나 선민의식과 특권의식에 절어 있는 판검사들은 민주시민교육을 제대로 받지 못한 교육이 낳은 부끄러운 성적표다.

교육정책, 교육제도, 교육 관련 법, 교육예산 등은 교사는 물론 학생들에게 가장 직접적으로 영향을 끼친다. 교사 정원, 교육과정, 입시제도, 교육활동 예산 등은 교육 방향과 수준뿐만 아니라 학생, 교사, 학부모의 일상에까지 결정적 영향을 미친다. 교사들의 정치기본권 행사가 완전 봉쇄되어 있는 현실로 인해 이 중요한 일들이 현장성을 결여한 채, 교육적 관점도 결여된 채 결정되어 왔고 지금도 여전히 그렇다.

학교를 소송 전쟁에 시달리게 만든 교육의 사법화, 사교육 확대, 학폭 증가, 교권 추락, 행정업무 중심 학교 운영, 청소년 자해·자살 증가, 교육격차 심화 등 오늘날 우리가 직면한 총체적 교육 붕괴 상황의 유일한 원인은 아니지만 근원적이고 중요한 원인 중 하나가 바로 교사들의 정치기본권을 봉쇄한 것이라 할 수 있다.

교육정책과 제도, 법 등에 대해 교사들은 오로지 사후적으로만 비판하거나 반대할 수 있을 뿐이다. 교육정책 수립이나 교육 관련 입법과정에 현장을 잘 아는 교사들이 참여한다면 피하거나 줄일 수 있는 시행착오들이 반복되었다. 이로 인해 치러야 하는 사회적 비용의 크기는 가늠할 수조차 없다. 그 과정에서 학생, 교사, 학부모가 겪는 고통 또한 계산조차 할 수 없다.

가장 직접적 당사자인 교사들이 교육정책이나 예산, 관련 입법 과정에 참여하지 못함으로써 느끼는 좌절감과 자괴감은 교사 사회 내 무력감과 냉소주의를 일상화하게 한다. 이것만이 아니다. 참여가 배제된 교육행정 문화는 필연적으로 수직적이고 일방적 정책 집행 관행을 고착화시키는 원인이 된다. 이제 교사는 교육전문가가 아니라 말단 행정 실행자처럼 위치지어진다.

교육부 - 교육청 - 학교로 내려오는 교육정책 체계가 거대한 권위주의 시스템이 되는 것을 피하기 어렵다. 이것이 정부 부처 중 권위주의적 문화가 가장 강하게 작동하는 곳이 교육부라는 평가가 나올 수밖에 없는 배경이다. 이는 교육부나 교육청 정책 수립 과정에 현장 의견 수렴이나 현장 참여라는 이름으로 일부 교사들을 포함시키는 것으로는 해결될 수 없는 구조적 문제다.

교사들은 가장 순응적 존재가 되고, 교육 전문가로서의 자부심과 자긍심은 약화된다. 헌법이 보장을 명하고 있는 교육 전문성이 존중받고 보호받지 못하는 것은 그 자체로 교육이 정치에 종속되는 길을 여는 것이다. 이로써 교육의 정치중립성을 보장하라는 헌법적 명령 역시 무력화된다.

　정부와 국회가 교육을 주변화하거나 정책 수단화하는 현실에서 교사에 대한 사회적 신뢰와 존중이 약화되는 것은 필연적 결과다. 교육은 교사와 학생 간 신뢰에 기초한 관계 속에서 이루어지는 일이다. 오늘날 교사에 대한 존중과 신뢰 추락은 결국 아이들이 받을 교육의 훼손으로 이어진다.

　게다가 아이들이 공교육을 통해 사회 구성원으로 살아가는 데 필요한 역량, 태도, 가치를 기름으로써 사회의 다양한 문제에 대해 이해하고 각자의 관점을 갖도록 하는 일은 매우 필요하고도 중요한 일이다. 선거법 개정으로 만 18세 투표권이 보장되어 아이들은 고3이거나 고등학교 졸업 직후 모두 유권자가 된다.

　이런 아이들이 행사하는 투표권이 우리 사회 정치 수준을 결정한다. 이런 이유로 OECD 많은 나라들에서는 학교 교육과정으로 모의선거를 실시하고 있다. 이들 나라에서 실시하는 모의선거는 가상의 후보를 두고 하는 것이 아니라 실제 선거 시기 직전에, 실제 출마한 후보자들과 그 공약을 가지고 수업 시간에 분석하고 토론하며 학생들 스스로 선거관리위원회를 구성해 모의선거 투·개표과정을 운영한다.

　이러한 모의선거 교육은 학생들에게 유권자 되어보기를 경험하게 함으로써 선거 과정을 이해하고, 선거의 중요성을 배우며, 실제 선거 결과와 비교를 통한 효능감을 체득하는 높은 교육적 효과를 갖는다. 학생 정치 문해력 향상뿐 아니라 실제 투표율이 올라가는 효과가 나타난다는 연구 결과도 있다.

그래서 많은 나라에서는 이를 국가가 나서 적극 지원한다. 덴마크의 경우 국회에서 학생 모의선거 선포식을 하고, 독일 등에서는 선관위와 관련 시민단체들이 교육과정 지원이나 기표소 등 모의선거에 필요한 물품을 지원하기도 한다. 전 사회가 아이들의 유권자 역량 함양을 위해 한마음으로 협력하는 것이다.

나는 임기 중에 교사정치기본권 보장을 위한 법안들을 발의했다. 정당법, 공직선거법, 정치자금법, 국가공무원법, 지방공무원법, 교육공무원법, 사립학교법, 지방교육자치법 등을 발의하여 교사 출마 휴직, 정치 후원, 국민 경선 참여, 정당활동, 기타 정치활동, 선거운동 참여, 학교 모의선거를 금지하는 법적 족쇄를 풀고자 했다.

교육감 선거 관련 사항만 교육위원회 소관 법안이었고, 대부분 법안은 행정안전위 소관 법안이었다. 교육위에서조차 다른 법안들에 밀려 제대로 심의조차 해보지 못했고 행안위 법안은 더욱 말할 것도 없었다. 결국 21대 국회 임기 만료와 동시에 발의한 법안들은 자동 폐기되었다. 다행히 22대 국회에서 이를 위한 법 개정안들이 다수 발의되어 있어 희망을 갖는다.

사립학교법 전면 개정안

사립학교 공공성 확보는 열린민주당의 12대 공약 중 하나였다. 왜냐하면 우리나라 교육문제 중 개혁이 필요한 가장 심각한 과제 중 하나가 사학비리이기 때문이다. 잊을 만하면 사립학교 비리가 터져 나오고, 무엇보다 학창 시절을 사립학교에서 보낸 다수 국민들이 사학비리 척결에 대한 체험적 공감과 요구가 높기 때문에 사학비리 척결은 늘 교육개혁의 주된 과제 중 하나였다.

우리나라는 OECD에 속한 다른 나라에 비해 대학은 물론 초등을 제외한 유아·중등 사립 비율이 압도적으로 높다. 박정희 정권은 민간의 학교 설립을 독려하였으며, 김영삼 정부는 대학설립준칙주의로 대학 설립 요건을 대폭 완화하는 방식으로 사립대학 설립을 유도하여 2011년 기준 300여개 사립대 중에서 20%가 대학설립준칙주의에 따라 설립됐다.[15]

전자는 초 압축성장에 따른 노동 인력 확보 필요성에서, 후자는 자율과 경쟁 원리를 강조한 5·31 교육개혁 일환으로 다양한 인재를 양성하겠다는 목적으로 실시되었다. 그 결과 2024년 기준 사립 유치원 원아 70.8%[16], 중학교 22.9%, 고등학교 45.1%, 대학 80%

---

15) 〈이주호 장관, 대학설립준칙주의 실패 책임져야〉(대학교육연구소 논평, 2012.8.22.)
16) 사립유치원 비율은 38.4%.

정도가 국공립이 아닌 사립인 상황이 되었다. 가히 사립교육기관 천국이라 할 만하다. 이렇게 사립교육기관이 압도적 비율을 차지하는 현실에서 촘촘한 관리란 애초에 불가능하고, 사립교육기관 공공성 약화는 예정된 일이었다. 대학이 300개가 넘지만 교육부 정규 감사인원은 10명에 불과했다. 이런 구조로는 전국 모든 대학을 한 번씩만 감사한다 해도 몇십 년이 걸릴 일이었다. 감사인원 충원을 요구했지만 크게 개선되지 않았다.

노무현 정부 사학법 개정에 한나라당이 등원 거부 장외 투쟁을 벌여 결국 다시 원점회귀 된 사례나, 2018년 유치원 3법을 둘러싸고 빚어진 논란, 국회 교육위 국정감사 때마다 빠지지 않고 등장하는 사학비리 건 등은 사학비리의 심각성을 말해주고 있다. 그나마 문재인 정부에서 2020년 교육부 차원 사학 집중감사를 실시해, 연대는 개교 이래 첫 감사를 받고 고대와 홍대 등 총 9개 대학이 감사를 받았다.

그러나 이런 집중감사는 아주 이례적인 일이며, 대부분 사학 내부에서 문제가 터져 나오고 사회적 이슈가 된 후 대응하는 경우가 일반적이다. 이러니 사학비리 구조는 온존될 수밖에 없다. 당시 민주당에는 노무현 정부 사학법 개정 패배 경험이 트라우마로 남아 있는 것처럼 느껴졌다. 사학비리 문제는 해결되지 않은 채 지속되고 있었지만 이후 사학법 개정 노력은 다분히 부분적 개혁 입법 수준으로 위축된 상태였다.

고등교육과 관련해서는 저출생으로 인한 학령인구 감소, 수도권 대학 집중 현상으로 인한 지방 사립대 정원 미달 사태가 중심 사안이 되면서 사학비리 해결을 위한 노력은 다소 부차적인 영역으로 밀려났다. 21대 국회 교육위에서도 간간이 사학법 개정이 이루어졌지만 비리 주체가 되는 재단 권한 문제를 직접적으로 다루는 것으로까지는 나아가지 못했다. 답답하고 안타까운 일이었다.

나는 사학법 전면 개정안 작업에 돌입했다. 우리 의원실 보좌진 9명과 함께 2005년 개정 사학법과 비교하면서 현행법을 검토하고 몇 차례에 걸친 윤독회를 진행한 뒤 1차, 2차, 3차 수정하여 사학법 전면 개정안을 만들었다. 당연히 초안 성안 뒤 그동안 사학 투쟁에 앞장서 왔던 교원들을 모시고 검토회의도 거쳤다.

사학법 전면 개정안 발의 자체가 목적이 아니었기 때문에 완성된 개정안은 사안별로 나누어 10여 개 개정안 형태로 발의했다. 2005년 전면 개정안보다 더 나아간 것이 그리 많지 않다고 생각했음에도 교육위 심사를 통과하지 못했다. 너무 아쉬운 일이었다. 나의 입법 통과 노력이 부족한 결과가 컸다. 어찌 되었든 쪼개어져 있긴 하지만 사실상 사학법 전면 개정 법안이 발의되어 있으니 22대 국회에서 일부라도 살려지기를 바라는 마음이다.

사학법은 아니지만 사학 관련해 쟁점이 된 법안이 있었다. 21대 국회 후반기에 뜨거운 현안이 된 대학 구조조정 문제가 그것이다.

대부분 지방에 소재한 한계 사학들을 해산하도록 유도하기 위한 입법적 고민이 이루어졌다. 관련해 '사립대학의 구조개선에 관한 지원 법률'이 여러 개 발의되었다. 한계 사학에게 해산장려금을 주어 해산을 유도하자는 것이 핵심 쟁점이었다. 나는 반대했다. 사립대학이 대상이고 학교 설립 후 감사를 단 한 번도 받지 못한 대학들이 수두룩이 널린 상태였기 때문이다. 적어도 학교가 한계 지점에 도달하게 된 것에 대한 설립과 운영 주체인 재단의 책임을 묻는 절차가 필요하다는 생각이었다. 단지 학령인구 감소와 수도권 집중에만 원인을 돌릴 수 없는 지점이 있기 때문이다.

그래서 해산 과정을 지원하더라도 해산 결정 절차에 감사를 의무화하는 사학구조개선법안을 만들었지만 임기 말까지 미루어진 법안이 21대 국회 임기 내 처리될 가능성이 낮았기 때문에 공식 발의하지는 않았다. 이 법안의 핵심인 해산장려금은 학교를 영리기관으로 볼 수 없도록 한 기존 법 취지와 사회적 합의에 균열을 낼 수 있다는 점에서 우려가 컸지만 22대 국회에서 결국 통과되었다.

국가교육위원회법

22대 국회에서 국가교육위원회법 개정안이 다수 발의되었다. 윤석열 정부하에 금거북이 뇌물로 물의를 빚은 이배용 초대 국가교육위원장이 이끈 국가교육위원회 한계가 극명하게 드러났기 때문이다. 그러나 그 이유 말고도 애초 국가교육위원회 출범 근거가 되었던 21대 국회 법안이 갖는 입법적 미비도 한 원인이 되었다.

이 점에서 나는 어느 정도 원죄가 있다고 할 수 있다. 21대 국회에서 국가교육위원회법을 발의한 의원은 나와 유기홍 의원이었고, 두 법이 통합되어 통과되었기 때문이다. 2020년 9월 국가교육위원회법안이 발의되었다는 소식을 듣고 나는 짐짓 놀랐다. 왜냐하면 사전에 교육위 의원들 간에 국가교육위원회에 대한 논의가 전혀 공유되지 않았기 때문이다.

국가교육위원회는 20년 가까이 교육 거버넌스 개혁 방안으로 제기되어 왔다. 문재인 대통령 후보의 공약에도 제시되어 있었지만, 국가교육위원회 논의는 새로운 기구 하나를 더 만들자는 차원의 이야기가 아니었기 때문이다. 국가교육위원회는 정권 교체에 따라 교육정책 기조가 출렁이며 바뀌는 문제를 해결하기 위한 방안으로 제출된 것이다.

국무위원들은 각 행정 부서를 관할하고 대통령 정책 의지를 실행하는 집행 단위다. 행정 부서 중 하나인 교육부가 모든 교육정책에 대한 전권을 행사해왔던 현실은 교육의 정권 종속성을 피하기 어려운 구조적 한계를 가질 수밖에 없다. 이를 근본적으로 타파하기 위해 헌법 제31조가 명령한 교육의 자주성, 전문성, 정치중립성 보장 장치인 독립적 기구로 제안된 것이 국가교육위원회였다.

나는 국가교육위원회 논의는 반드시 교육부와의 관계 재설정을 포함한 교육 거버넌스 재구조화 논의를 전제로 해야 한다고 생각하고 있었다. 특히 비슷하게 독립기구인 국가인권위원회나 감사원과 달리 국가교육위원회는 교육부와 관계 조정이 없다면 애초 취지와 달리 보조적 자문기구가 되거나 교육부와 업무와 권한 충돌이 생길 수밖에 없다. 그런데 사전에 어떤 논의도 없이 기구 설치 법안이 제출되었으니 내게는 다소 갑작스러운 일이었다. 물론 당시 내가 더불어민주당이 아니라 열린민주당 소속 의원이었기 때문에 당정 간 협의나 민주당 교육위 의원들 간 논의에 전혀 참여할 수 없었던 사정도 크게 작용했다. 국민의힘은 국가교육위원회 설치 자체를 반대하고 있었다.

당시 정부와 민주당 내에서는 야당 반대를 돌파하고 일단 출범시키는 것에 주안점을 두는 분위기였다. 교육부 역할과 권한 조정과 같은 커다란 쟁점을 만드는 것은 법안 통과 자체를 어렵게 한다는 판단이었고, 이 문제는 거의 논의하지 않았다. 우리 역사에서 개문발차하고 나중에 운영 과정에서 내용을 채우고 조정하며 완성도를 높이는 방식으로 추진되는 일이 종종 있었기 때문이다.

물론 이런 방식은 대부분 사후적 비용을 비싸게 치르는 경우가 많다. 국회 개원 후 한 달 가까이 된 6월 29일 비로소 국회 상임위 구성이 이루어졌고 9월은 초선 의원인 내게 겨우 임기 시작 두 달

정도 되는 시점이었다. 국회 활동에 겨우 적응해가던 시기에 던져진 국가교육위원회법은 교육계에 커다란 변화를 가져올 거대 이슈였지만 나는 흐름에 적극 개입할 여지가 적었다.

당시 추진 방식에 문제의식을 갖고 잠시 고민을 하긴 했지만, 일단 국가교육위원회 관련 논의에 발언권을 어느 정도 행사하기 위해서는 법안을 발의해야겠다고 판단했다. 물론 내 문제의식의 핵심인 교육 거버넌스 전면 개편 이야기는 제대로 제기하지도 못했다. 위원장 인사청문회나 회의 공개 의무 등과 같은 다소 미세한 미비점보다 더 중요한 문제를 놓치고 간 셈이다.

국회법에 의하면, 야당 반대가 확고한 상황에서 법안을 상임위에서 통과시키려면 두 가지 길밖에 없다. 330일을 기다려 본회의에 자동 회부되는 패스트 트랙[17]과 비교섭단체인 소수당 의원이 포함된 안건조정위원회[18]를 구성해 법안소위를 대체하는 방법이었다.

당시 민주당은 비교섭단체인 열린민주당 소속 의원인 나를 포함한 안건조정위원회 방식으로 법안 통과를 도모했다. 국가교육

---

17) 국회법 제82조의 2(안건의 신속처리) 조항, 상임위에서 3/5 찬성으로 신속처리안건으로 의결된 법안은 소관 상임위에서 180일 경과 후 법사위에 회부되고, 법사위에서 90일 후 본회의에 회부되며, 본회의에서는 회부된 날로부터 60일 이후 첫 본회의에 자동 상정된다.
18) 국회법 제57조의 2(안건조정위원회) 조항, 이견조정이 필요한 안건 처리를 위한 장치, 제1당과 제1당에 소속되지 않은 위원을 3:3 동수로 구성한 6인 위원회, 따라서 비교섭단체 의원이 있는 경우 1명 이상이 포함되어 구성. 안건 통과를 원하는 제1당이 과반수를 얻기 위해서는 의견을 같이하는 비교섭단체 의원이 중요해짐.

위원회를 찬성하는 내가 들어감으로써 6인으로 구성되는 안건조정위원회 구성이 4:2 구도가 가능했기 때문이다. 내가 의결을 위한 결정적 위치에 있게 됨으로써 국가교육위원회법 통과는 확실해졌다.

탄핵으로 정권이 교체되고 교육부도 국가교육위원회도 새 수장이 취임했다. 이제 새 정부와 22대 국회는 내가 미처 해결하지 못한 교육계의 오랜 숙원을 해결해야 할 과제를 안게 되었다. 국가교육위원회와 교육부, 시도 교육청 간 역할과 업무 경계를 정하고 그에 따른 권한 재조정을 통해 교육정책의 일관성과 안정성이 실현되는 거버넌스를 개혁하는 것이 그것이다.

나는 독립적인 국가교육위원회가 교육정책의 큰 방향을 정하고, 교육부는 기본적으로 고등교육, 직업교육, 평생교육을 책임지며 유·초·중등교육 관련해서는 시도 교육청 간 조정과 공통으로 수행해야 할 국정과제 관련 업무에만 집중하고, 유·초·중등교육 관련 업무 권한은 기본적으로 시도 교육청에 위임하는 것이 필요하다고 본다. 이런 방향으로의 전환이 새 정부하에 이루어질 수 있을지 기대와 우려를 동시에 갖게 된다.

아동·청소년맞춤통합지원법

코로나 팬데믹과 함께 시작된 21대 국회 임기 초부터 나는 기회만 되면 고립과 단절 속에서 빚어질 학생들의 정신건강 악화 대책을 외쳤다. 학생정신건강지원법을 발의해 통과시키고, 상임위 업무질의에서나 예·결산 심의, 국정감사 때마다 문제를 제기하고 대책 마련을 요구했지만 실질적 변화는 이루어지지 않았다. 정서·심리적 문제로 치료를 받아야 할 아이들에게 300만 원 치료비를 지원해주는 정도에 그쳤다.

팬데믹 이전에도 우리 아이들은 다양한 이유로 심리적 압박과 고통을 받았다. 사회 양극화가 지속되면서 빚어진 가정경제의 어려움, 맞벌이 증가로 인한 가정의 심리·정서적 안정성 약화, 무엇보다 안팎에서 강화되고 있는 입시 부담과 그로 인한 고강도 경쟁 스트레스, 생활의 일부가 된 디지털 소통 문화가 만들어내는 심각한 부작용 등은 아이들에게 가혹한 삶의 환경이었다.

특히 성장이 아니라 (입시)성공이 마치 교육 목적이 된 듯한 현실에서 성적이 좋은 아이들은 성적이 좋은 대로 서열 경쟁에서 밀려나면 안 된다는 압박으로, 그렇지 않은 다수 아이들은 성적 향상 압박에 눌리거나 학습의욕 상실로 힘들어한다. 그래서 경쟁과 서열 압박은 모든 아이들에게 공통적으로 다가오는 고통이다.

학교가 끝나면 학원으로 가는 게 너무 당연해진 세상에서 아이들이 누릴 수 있는 쉼과 놀이의 시간은 사라지고 있다. 아이들은 어른들도 견디기 힘든 고강도 학습 노동을 '너의 미래를 위한 거야'

는 말로 정당화하는 어른들 앞에 절망을 학습한다. 미래를 위해 현재를 저당 잡히는 일은 아이들에게만이 아니라 부모에게도 마찬가지로 강요되고 있다.

등교가 어려워지고 비대면 수업이 지속되었던 팬데믹 기간 이런 문제는 그대로 온존한 채, 친구도 선생님도 제대로 만날 수 없어 고립과 소통의 어려움 속에 놓인 아이들은 사방에서 '잘못하면 죽을 수도 있다'는 말들에 휩싸여 지낼 수밖에 없었다. 어른들이 느꼈던 혼란과 공포 이상을 아이들이 느꼈을 것은 너무나 자명한 일이다.

처음 겪는 재난 수준 팬데믹에 교육부는 교육과정이 운영되지 못해 발생하는 학습 중단 방지에 신경 쓰는 것만으로도 힘겨운 시간이었을 것이다. 팬데믹 장기화로 비대면 수업 환경 조성, 안전한 수능 실시 등 공식 업무처리와 관련된 대책 등 큰 문제들 따라가기도 어려웠을 것이다.

2년이 넘게 이어진 코로나 당시 문제는 충분히 이해할 만한 일이었다. 또 어느 정도는 적절한 대응에 나섰다고 볼 수도 있다. 그러나 문제는 코로나가 진정된 이후였다. 여기저기서 어른들은 코로나 시기 불완전한 교육과정 운영으로 야기된 학습력 저하에 온통 걱정을 쏟아냈다. '기초 문해력 저하'가 가장 큰 화두가 되었다.

이는 반드시 해결해야 할 중요한 과제지만 학력 저하에만 집중할 일은 아니었다. 팬데믹이 종료된 뒤 학교는 마치 아무 일도 없었던 것처럼 코로나 이전처럼 등교하고, 시간표대로 수업하고, 시험을 보는 일상으로 돌아갔다. 그러나 외견상 코로나 이전과 달라 보이지 않는 아이들 가슴에는 코로나 시기 받은 공포와 상처, 불안의 덩어리가 그대로인 채였다.[19] 대부분 이걸 보지 못했고, 일부는 보려고 하지 않았다.

국회의원 임기 만료가 다가오며 이대로는 안 되겠다는 생각에 우선 가능한 여건 만드는 일부터 시작해야겠다고 판단했다. 얼핏 학생정신건강 문제와 직접 관련이 없는 것처럼 보이지만 일단 학교에서 여러 어려움을 겪고 있는 학생들을 지원하는 일에서부터 실질적 대책 강구에 나서기로 했다. 고통은 모두에게 평등하게 오지 않기 때문이다.

학교생활의 고통은 아이들에게 일상의 고통, 삶의 고통, 존재의 고통일 수밖에 없는 일이다. 팬데믹 이전부터 있었고, 팬데믹 이후 강화된 학습의 어려움, 신체건강상 어려움, 관계의 어려움, 심리·정서적 어려움들을 덜어내는 일은 아이들 고통을 줄이는 일이다. 무엇보다 여러 이유로 인해 이 고통이 충분한 돌봄을 받지

---

19) 2024년 중고등학생 스트레스 인지율 42.3%, 14년 만에 최고치. 아동·청소년 자살률 2000년 이후 최대치, 12~14세 자살률 2000년에 비해 약 5배로 급증, 학교생활 만족도 OECD 국가 중 30/34위(국가데이터처, 아동·청소년 삶의 질 2025 보고서)

못한 아이에게 더 큰 무게로 한꺼번에 다가오는 것이 현실이다.

마침 서울시교육청에서 기존 학생지원시스템을 통합적으로 운영하는 시범 사업을 진행하고 있었다. 교육부 담당 사무관도 학생지원시스템 개선에 적극적이었다. 그래서 다양한 이유로 학교생활에 어려움을 겪고 있는 아이들 지원 시스템을 효율적으로 통합하기 위한 입법안을 우선 발의하기로 했다.

아동과 청소년들이 다양한 이유로 성장 과정에서 어려움을 겪고 있지만 이를 해소하기 위한 제도·정책적 방안은 부처별, 기관별, 사업별로 지원 체계가 다르고 분절적으로 이루어지고 있다. 특히 학교에서는 동일한 학생을 대상으로 각종 지원이 분절적으로 이루어진다. 이 때문에 지원 사각지대가 발생하고 지원의 효과성이 떨어지고 있다.

현행법 체계에서는 아동과 청소년의 건강한 성장에 필요한 교육복지 정보의 관리, 연계, 활용에 대한 법적 근거가 부족하다. 그래서 이를 해결하는 아동·청소년맞춤통합지원법(일명 학생맞춤형통합지원법)을 발의했다. 마침 더불어민주당 안민석 의원과 국민의힘 김병욱 의원도 비슷한 취지의 법안을 발의한 상태라 정당 간 이견이 발생할 소지는 거의 없었다.

나는 교육부 담당자와 교육청 담당자, 시범사업에 참여하고 있는 학교 교원, 교육복지 전문가 등 학생 지원 관계자들 등 20여 명

가까운 사람들이 모여 함께 논의할 수 있도록 국회에서 법안 검토 간담회를 실시했다. 법안 내용까지 세세히 검토하는 두 차례에 걸쳐 진행된 간담회는 법안 완성도를 높이는 데 도움이 되었을 뿐 아니라 입법 가능성을 높여주었다.

그러나 2023년 말부터 국회는 22대 총선 정국에 돌입하여 교육 상임위 법안소위는커녕 교육위 전체회의조차 제대로 열릴 수 없었다. 안타깝게도 법안은 발의 상태에서 제대로 심의조차 거치지 못한 채 21대 국회 임기 만료와 함께 자동 폐기되었다. 22대 국회 초 법안이 다시 발의되고 본회의 통과까지 이루어졌다. 다행스러운 일이다. 그러나 이 법은 출발일 뿐이다.

강민정을 말하다

《진짜 혁신교육》은 강민정 전 의원이 20대 국회에서 한국 교육의 개혁을 위해 벌인 분투의 기록이다. 1980년 엄혹한 군사독재 시대 대학에 들어가 반독재 시위를 주도하여 구속되고, 1992년 서른두 살 나이에 늦깎이 중학교 교사가 된 강민정은 학교 현장에서 한국 교육의 오랜 병폐를 온몸으로 체험하고 교육개혁을 위한 운동의 필요성을 절감한다. 그가 교실을 떠나 교육청에서 파견교사, 정책연구교사로 활동하고, 2017년엔 징검다리교육공동체에서 본격적으로 교육시민운동을 시작한 것도, 2020년 국회에 입성하여 교육개혁 입법에 매진한 것도 모두 이 땅에 참교육을 실현하려는 열망에서 비롯된 것이다.

강민정 의원은 '민주당의 1호 평교사 출신 국회의원'으로서 교육 관련 개혁입법을 발의하는 데 전력을 다했다. 서이초 사건을 계기로 발의한 '교권 4법'을 비롯하여, 사립학교법개정안, 국가교육위원회법 등 그가 대표 발의한 법안들은 하나같이 한국 교육의 근간을 바꾸는 굵직한 개혁법안들이었다. 그러나 무엇보다도 그가 중점을 기울인 것은 교사의 정치적 시민권을 보장하는 것이었다. 강민정 의원이 임기 내내 씨름한 교사의 정치적 시민권 복원 문제는 한국 교육문제의 고갱이이다. 한국 민주주의는 '아시아 민주주의의 등불'이자 '세계 민주주의의 모범'이라고 평가받지만, 한국의 교사만은 민주주의의 변방에서 '정치적 천민' 상태에 놓여 있다. 시민의 가장 중요한 기본권인 정치적 시민권을 여전히 박탈당하고 있기 때문이다. 교사의 이러한 정치적 무권리 상태는 사회적 무기력으로 이어지고 교육적 무력감으로 전이된다.

교사의 교권 회복이 교육의 무너진 육신을 추스르는 것이라면, 교사의 시민권 회복은 교육의 빼앗긴 영혼을 되찾는 일이다. 교사의 교권 회복을 넘어 이제 시민권 복원을 이룸으로써 죽은 교육을 다시 살려내야 한다. 이 책을 통해 나는 무엇보다도 교사의 정치적 시민권을 회복하기 위해 강민정이 벌인 끈질긴 투쟁에 감동하지 않을 수 없었다.

_김누리(중앙대학교 교수)

◆

교육 현실을 가장 잘 아는 현장교사는 사실상 교육 관련 문제를 결정하는 정치 테이블에 앉을 수 없는 모순이 한국에서 지속되어 왔다. 강민정 의원의 4년 의원 생활은 이런 금기를 허문 투쟁의 기록이다.

한국 교사들에게는 정치적 시민권이 없다. 서이초 교사의 자살 사건에 충격받아 여의도에 모인 수십만 명의 교사는 정치활동을 한 것일까, 교육활동을 제대로 하자는 것이었을까? 이미 투표권을 가진 학생들에게 선거와 정당에 대해 가르치면 정치적 중립성을 위배하게 되는 것일까? 정치적 중립성을 생명으로 하는 판사나 검사 고위 관료 출신은 국회의원의 40퍼센트를 차지하는데, 마찬가지로 정치적 중립성의 원칙을 지켜야 한다는 교사는 왜 한국 국회에서 찾아볼 수 없을까? 이러한 교사의 노예화 상황을 걷어찬 인물이 강민정 의원이었다.

이 책은 강민정 의원이 고군분투한 의정활동 기록이다. 선거법 개정으로 열린민주당이라는 친여 위성정당 국회의원이 된 그는 이렇게 얻은 소중한 기회를 살려 교사로서 경험과 식견을 유감없이 발휘했다. 국민 모두가 교육 전문가이고, 모든 학부모를 가장 고통스럽게 하는 교육문제이지만, 정착 정치권은 언제나 교육문제를 주변적인 것으로 취급하는 경향이 있기 때문에 그는 교육 관련 입법 정책활동을 위해 동료 의원들을 설득하는 일에 더 많은 시간을 보내야 했다.

우리는 강민정 의원의 활동을 살펴보면서 학교를 탈정치화하는 이 허구적인 정치중립성 논리, 여야 정치권 일반의 교육에 대한 무관심이 어떻게 산적한 교육문제를 더욱 꼬이게 만들고 있는지 알게 된다.

_김동춘(성공회대학교 명예교수, 좋은세상연구소 대표)

❖

4년 의정활동을 담은 짧지 않은 글을 단박에 다 읽었다. 독재에 맞서 민주화를 외쳤고, 학교를 학생과 교사가 함께 행복한 곳으로 바꾸려 분투했으며, 교육자 정체성을 깊이 간직한 정치인으로 보낸 그의 경험담이 주제가 있는 영상처럼 다가왔다. 학교에서 일어나는 일, 교육을 둘러싸고 벌어지는 현상에 대한 전문성, 늘 현장을 찾고 당사자들과 대화하며 그 목소리들에 응답한 책임감, 두텁고 날 선 정당정치의 벽을 헤집으며 대안을 세우고 제도화하려던 분투를 함께 경험했다.

열림과 희망의 장소여야 할 학교가 좌절과 문제를 낳고야 마는 상황에 대한 안타까움도 함께 경험했다. 그래서 더욱 교육이 정치일 수밖에 없다는 것을, 교육의 변화는 교육 정치에 더 관심을 갖고 참여할 수 있을 때 가능하다는 것을 느꼈다. 그리고 교육문제를 해결하는 데 왜 전문성이 필요한지, 교육 전문성은 어떻게 형성되는지, 전문성을 갖춘 교육

정치가 할 수 있는 일은 무엇인지. 교육 외적인 논리를 들이밀 때 교육의 본질이 어떻게 왜곡될 수 있는지도 생각해볼 수 있었다.

학생들이 살아갈 미래의 시선으로, 학생의 행복을 중심에 놓는 교육 정치가 필요하다. 교육 당사자의 목소리에 귀 기울이고, 학교와 교육을 둘러싼 복잡한 문제를 이해하는 교육 전문가들의 역할이 필요하다. 의원으로서 보낸 4년의 경험이 우리 사회의 소중한 자산이 되길 기대한다.

_김육훈(역사교육자, 전국역사교사모임 회장, 역사교육연구소장 역임)

❖

'지금, 여기' 한국에서 학생들은 낯선 타자를 만나서 소통하고 교통할 기회를 가질 수 없다. 아파트와 학원처럼 학교 건물도 모두 이질적 타자를 제거한 무균실과 유사하다. 무균실을 왕래하며 과도한 학습 요구에 지친 학생들에게 교육은 어떤 희망도 주지 못하고 있다. 이 절망적 상황에서 교사 출신 국회의원 강민정의 교육 이야기기는 시작한다.

강민정은 "교육이 바뀌면 세상도 바뀐다!"는 다짐으로 의정활동을 시작했다. 문제는 교육이 점점 나쁜 방향으로 바뀌고 있다는 것이다. 교육이 나빠지니 세상도 나쁘게 변질된다. 교육과 가장 멀리 있어야 할 자본논리, 시장논리에 따라 인간을 목적이 아니라 수단으로 만들어 가는 교육만이 확장되고 있다. 이 과정에서 헌법이 보장하고 있는 교육의 자주성, 전문성, 정치중립성조차 흔들리고 있다는 것이 강민정의 진단이다.

교육과정 안에서 학생들이 겪어야 하는 가장 비극적 경험은 학교폭력이다. 그런데 강민정에 따르면 학교폭력에 대한 처방으로 그동안 제시된 법과 정책이 학교폭력을 해결하기는커녕 오히려 교육공동체를 파괴하고 있다. "학교폭력 해결에는 무능하고 교육공동체 파괴에는 유능하게 된 법과 정책"은 결국 교육의 사법화로 귀결되었다. 그야말로 학교와 교육이 시장 논리와 사법 논리에 의해 내적으로 식민화된 상태다.

교육과정에서 학생들은 더 이상 행복하지 않다. 그들이 받는 고통이 이제 교사들에게 전가되고 있다. 교사에 대한 교육활동 침해가 학생들의 학습권조차 위협하는 수준이다. 교사에 대한 존경이 무너진 교실에서 교사와 학생 모두가 서로를 존중하는 교육 문화의 길은 멀게만 보인다. 교육과정이 인간지능이 아니라 인공지능에만 몰입하고 있으니, 이제 교육은 기술논리에 식민화될 처지다. 이 상황에서 교사 출신 국회의원 강민정의 경험과 성찰이 우리에게 아주 작은 희망으로 다가온다.

_박구용(전남대학교 교수)

◆

의원으로서 어떤 일을 해왔고 앞으로 어떤 일을 해나갈 것인지 이 책을 통해 진술하게 들려준다. 강민정의 진심은 언제나 '혁신 부장 강민정'에게서 찾을 수 있다. 나 역시 연구자로서 한국의 혁신학교를 이론화하는 데 많은 시간을 할애해왔다. 혁신학교는 동아시아의 고유한 학교개혁 모델로, 한국 교사들의 머리와 가슴과 손으로 만들어온 결과물이다. 그래서 그것은 단지 Innovative School이 아니라 Hyukshin School이라 불린다. 비록 그 수는 많지 않지만, 이미 국제 교육학계의 최상급 저널들에 이 Hyukshin School을 다룬 논문들이 몇 편 실렸다. 이는 외국의 모델을 모방하는 데 그치지 않고 한국 교사들의 지성과 실천이 만들어낸 독창적 성취였기에 가능했다고 생각한다.

이러한 과정에서 '혁신 부장 강민정'은 누구보다 중요한 역할을 했다.

이제 이 책이 한국 교육의 미래를 열어가는 데 있어 또 한 번의 '새로운 혁신 부장' 역할을 하게 되기를 기대한다. 지난 15년은 한국 교육을 발전시킨 하나의 드라마와도 같은 역사였고, 그 속에 역사 교사이자 혁신 부장이며, 국회의원으로서 또 다른 길을 걸었던 강민정이 있었다.

_성열관(경희대학교 교수)

❖

정치는 한 사회의 한정된 자원을 어떻게 배분할 것인지 '공론화'를 통해 결정하는 일이다. 법을 만들고, 제도를 고치고, 세금을 매기고, 다리를 놓고, 공원을 만드는 것, 하다못해 우리 동네에 마을버스가 들어오게 되는 것도 다 정치다. 그러니 세상에 정치적이지 않은 일이 없다. 정치가 따로 있는 게 아니라 우리가 하는 일이 다 정치다.

놀랍게도 대한민국에서 교사는 정치를 할 수 없다. 정치적 중립성과 정치 그 자체를 혼동한 결과다. 그 탓에 국회의원 중 교수 출신은 많지만 교사 출신은 한 손에 꼽을 만큼 희귀하다. 교육현장 목소리를 대변할 사람이 이렇게 적은 것은 정말 이상한 일이다. 국회의원의 1/3 가까이가 법조계 출신이라는 것을 감안하면 너무도 황망한 숫자다.

강민정은 그 귀한 교사 출신 국회의원으로 자신이 겪은 일과 한 일을 정리해 책으로 펴냈다. 해답은 늘 현장에 있다. 자신의 일에 애정을 가진 교사와 대화해보면 교육현장에 얼마나 문제가 많은지, 또 그것을 어떻게 풀면 좋을지 그 대안도 함께 들을 수 있다. 우리에게는 더 많은 교사 출신 정치가가 필요하다. 교사에게 정치를 금하는 것은 헌법이 보장하는 기본권을 침해하는 일이기도 하다. 교사에게 정치를 허하라!

_박태웅(녹서포럼 의장)

◆

　나는 강민정 선생님과 오래된 인연으로 언제나 친숙한 호칭인 '강샘'이라고 즐겨 부른다. 여러 회합이 끝나고 나면 강샘 차에 동승하여 운전수 옆자리에서 이런저런 대화를 솔직하게 나눈 추억이 모락모락 피어오른다. 그랬기에 나에게 강샘은 친근한 지우로 자리하고 있다.

　강샘이 파견교사로 서울교육청에서 일할 때 혁신교육지구 평가단의 일원으로 함께 일하기도 했다. 그때 강샘은 혁신교육에 대한 남다른 철학으로 중심을 잘 잡아주었다. 더욱이 평가서를 훌륭하게 작성한 결과물을 보고서 평가단장이었던 나는 찬사를 보낸 바 있다. 정곡을 찌르는 관점도 탁월하였으나 글을 깔끔하게 정리하는 능력도 대단했다.

　그리고 내가 관여하고 있는 한국교육연구네트워크의 운영위원으로 참여하면서 월례포럼에 거의 결석하지 않고 적극적으로 참여하는 것을 보며 책임의식이 매우 강하다고 생각했다. 포럼에서 그가 한 발언들은 핵심을 정확하게 짚어내어 그 실력에 또 한번 크게 놀랐다.

　강샘의 말과 글은 매우 논리적이고 날카롭고 명쾌하고 직설적이며 에둘러 말하기보다 단도직입적이었다. 제기된 문제 사안들을 놀라울 정도로 족집게처럼 정확하게 짚어내는 자질도 대단했다. 이런 강샘의 촌철살인 논리력은 이번에 국회활동을 중심으로 작성된 《진짜 혁신교육》에 리얼하게 담겨 있다. 사실을 말과 글로 표현한다는 것은 쉽지 않는데 강샘은 그것을 잘 해낸다. 책은 AI 디지털교과서 정책에 대한 문제 제기, 자사고·특목고 유지나 폐지 문제, 무상급식을 둘러싼 대립, 입시제도 논쟁, 서울대 10개 만들기 정책을 둘러싼 국립대와 지방사립대 간의 갈등과 대립, 김건희 논문표절의 공론화, 대선 교육유세단 활동, 서이초 교사 집회 참여와 이와 관련된 교권 4법 입법 활동, 학생맞춤형통합지원법 발의 등 한국의 교육문제를 거의 망라하고 있다. 특히 강샘은 정치적 발언을 하지 못하는 자신의 신분/지위와도 관련된 교사의 정치기본권 보장을 위한 법안 발의에 더욱 열심이었다.

강샘은 교육 관련 활동 중심으로 의정활동을 했지만, 노동문제나 장애인 인권 문제, 이태원 참사 대책 등에도 힘닿는 대로 도움을 주고자 했다. 관련 집회나 행사에도 최대한 참여했다. 그런 활동의 결실로 노조법 2, 3조 개정안, 중대재해처벌법 개정안, 파견노동자 임금보전법이나 장애인 차별금지법 개정안, 선거법 개정안, 베트남 민간인 학살 진실규명 특별법 발의, 민주유공자법 통과, 국정원 개혁법안 발의, 사립학교법 전면 개정안, 국가교육위원회법 등을 다른 의원과 공동 발의했다. 그 밖에 이태원 참사 가족들 위로, 노숙인들의 시화전 지원, 대우조선 파업 격려, 장애인 이동권 투쟁 등 고통의 현장을 찾아 아픔을 같이했다.

강샘은 연구와 실천에 탁월한 능력을 보여준 의원이었다. 평교사 시절의 혁신학교 활동 경험과 비례 국회의원으로서 교육위에서 활동 상황을 주로 담고 있는 강샘의 이 책《진짜 혁신교육》에 담긴 글은 격정을 담은 선언문을 읽는 것 같았다. 혐오와 차별 없는 학교, 아이들이 신뢰와 존중을 배우는 학교만이 혐오와 차별 없는 세상을 만들고, 신뢰와 존중이 살아 있는 세상을 만든다는 강샘의 교육관이 깊이 녹아 있다.

강샘의 책은 교육문제 해결을 위해 국회 교육상임위에서 했던 활발한 활동상을 잘 보여주고 있다. 강샘의 모든 활동에서 대학 시절의 노동운동 참여, 교사 출신으로서 국회의원 정체성을 잃지 않으려고 남달리 고투한 흔적을 보게 된다. 특히 한국의 학교교육 현실이 보여주는 억압적이고 비민주적인 모습을 적나라하게 폭로한다. 단순히 현실 고발에 머물지 않고, 역사교사답게 한국 교육의 비민주적 역사에 비추어 잘 정리해내고 있다. 한국 교육이 신자유주의 교육정책의 시장주의로 경도되어 교육을 황폐화시켰음도 놓치지 않는다.

강샘의 문제의식은 교육문제를 둘러싸고 일어나는 논란과 갈등이 사회경제적 배경에 따른 이해관계 충돌로부터 자유로울 수 없다고 본다. 또 각자 위치에 따른 입장 차이도 불가피하게 발생한다. 이런 점에서 교육문제 역시 본질적으로 정치적 문제라는 관점을 갖고 있다.

강샘을 그동안 피상적으로 알았으나 《진짜 혁신교육》을 읽고 강샘의 활약상을 알게 되었다. 책에 기술된 여러 이야기와 담론을 통해 강샘과 더욱 가까워진 것 같다. 강샘이 하고자 하는 일에 건승을 빈다.

_심성보(한국교육연구네트워크 이사장)

❖

파리한 얼굴, 마른 입술, 살짝 헝클어진 머리, 그럼에도 유독 형형하게 빛나던 눈빛을 잊을 수 없다. 15년 전 나는 서울 도봉구의 한 중학교에서 혁신 부장을 맡고 있던 강민정 선생을 보았다. 강연회가 끝나고 그와 대화를 나눌 기회가 있었다. 아마도 온갖 역풍을 뚫고 나아가야 하는 혁신학교의 과제와 현장의 어려움을 이야기했던 것 같다. 이후 교육운동가로, 그리고 국회의원으로서 활동하는 그를 여러 차례 만날 수 있었다. 그때마다 나는 그의 눈빛을 통해 확인할 수 있었다 - 현장에서 희망의 실마리를 풀어내기 위해 안간힘을 쓰던 그의 본심이 변하지 않았다는 사실을 말이다. 이 책에 담긴 것은 경험이나 능숙함이 아니라, 세상을 대하는 근본적인 마음가짐이다. 15년 전부터, 형형한 눈빛 뒤에 뭔가 숙연한 느낌을 자아내던 그의 마음가짐 말이다.

_이범(교육 평론가)

◆

　이 책은 학생운동과 투옥생활, 민주화운동가, 교사 그리고 국회의원으로서 치열한 삶을 살아온 강민정의 열정적인 삶에 대한 기록입니다. 그러나 여기에서는 용기 있는 한 여성 교육운동가의 생애사뿐 아니라, 아래로부터의 교육개혁 운동과 현실정치가 어떻게 만나야 하고 이 과정에서 파생하는 문제점과 고민은 무엇인지를 생생히 드러낸다는 점에서 우리가 성찰해야 할 중요한 지점을 잘 보여줍니다. 오랜 세월 여성운동과 시민운동 활동가로 살아왔던 본인이 정부 부처의 직책을 맡게 되면서 가졌던 고민은 어떻게 아래로부터 올라오는 시민사회 운동과 현실정치가 만나 실질적인 사회개혁을 만들어낼 것인가였습니다. 이런 과제를 교육 분야에서 해결하려 노력한 강민정의 노력은 내게는 반가운 단비와 같았고, 그래서 우리 교육을 걱정하는 시민들에게도 좋은 교훈서가 될 수 있으리라 생각되어 적극 추천합니다.

　72년 국회 역사 속에서 제2호 평교사 출신 국회의원이 된 강민정은 교육현장과 교육 전문성을 지닌 교사들의 참여가 배제된 정치에 교육현장의 목소리를 전달하고, 교육문제에 대한 구조적 인식이 결여된 정치권을 향해 교육 발전을 향한 비전과 로드맵을 제시하려 했습니다. 이런 노력은 자의 반 타의 반 정치에서 배제되었던 교사나, 다양한 교육운동 주체들에게도 교육개혁을 위한 실천 활동의 방향과 전략을 제시하는 나침반이 된다고 생각합니다. 또 국회 활동기간 동안 대우조선 파업이나 이태원 참사 등과 같이 '아프고 힘든 사람들이 있는 곳'을 찾아다닌 강민정의 활동에서 본인이 얻은 많은 배움도 독자들과 공유하기를 원합니다.

_정현백(전 여성가족부 장관, 성균관대 사학과 명예교수)

교육과 정치는 겉으로는 다른 길을 걷는 듯 보이지만, 사실은 같은 뿌리에서 자라난 두 그루의 나무와 같다. 교육이 한 인간을 변화시키고, 그 인간이 다시 세상을 변화시키는 이 단순한 진리를 우리는 너무나 오랫동안 망각한 채, 교실과 국회를 단절된 별개의 세계로 가두어두었다.

강민정 전 국회의원의 저서 《진짜 혁신교육》은 이처럼 막힌 길을 온몸으로 헤치며 나아간 한 교사의 생생한 기록이다. 교단에서 민주주의 가치를 가르치던 그가, 마침내 민주주의 심장부인 국회로 입성한 여정은 교사로서의 양심과 정치인으로서 실천을 유기적으로 연결하며, 교육이 단지 교실 안 문제가 아닌 사회 전체의 운명을 바꾸는 중대한 일임을 다시금 일깨운다. 그는 '국회 역사 72년 만의 두 번째 평교사 출신 국회의원'이라는 특별한 이력을 가졌고, 그 막중한 책임감에 걸맞은 의정활동으로 능력을 인정받았다. 늦은 나이에 국회에 발을 들인 평교사 출신으로서 그는 교육과 정치라는 두 영역의 문법적 간극을 줄이기 위해 부단히 노력했다.

이 책에는 단 한 명의 교육자를 넘어서 수많은 교사들의 눈물과 꿈, 그리고 숭고한 책임감이 고스란히 담겨 있다. 억압받던 시대에도 아이들의 이름을 불러주며 희망을 지켜낸 교사들, 학교라는 울타리를 넘어 더 나은 사회를 만들고자 했던 시민교육자들의 뜨거운 정신이 녹아 있다. 강민정 전 의원은 그들의 마음을 품고 교단에서 국회로, 교실에서 제도권으로 나아갔다. 그리고 우리에게 날카로운 질문을 던진다. "교육이 정치에서 멀어진다면, 그 정치는 과연 누구를 위한 것이겠습니까?"

그의 문장은 뜨거우면서도 단단하다. 교사의 정치기본권에 대한 오래된 금기를 깨뜨리며, 교육의 자주성과 전문성을 되찾자는 그의 절박한 외침은 단지 교사의 권리 요구를 넘어 민주주의의 뿌리를 지키려는 간절한 기도와 같다. 그는 현장 교사로서 탁월한 감수성을 바탕으로 각종 교육개혁입법을 선도했다. 그가 제출한 법안만 하더라도 교사정치 기본권 보장 법안, 사립학교법 전면 개정안, 국가교육위원회법, 아동·청소년 맞춤통합지원법 등 셀 수 없이 많다. 또 그는 '감히 초선 의원이…'라는 암묵적 비난이 만연한 상황에서도 김건희 여사 논문 표절 의혹을 공론장에 올리는 데 앞장섰으며, 코로나19 시기 예산 심의에서는 소신에 따른 표결로 작지 않은 소동을 벌이기도 했다. 그의 노력은 베트남 민간인 학살 진실규명 특별법을 발의하는 데까지 이어졌다.

그의 책은 교육이 다시 세상을 꿈꾸게 할 수 있는 길임을 보여주는 귀한 기록이다. 아이들이 웃을 수 있는 사회, 교사가 존중받는 나라, 그리고 민주주의가 일상에서 살아 숨 쉬는 세상을 바라는 모든 이들에게 이 책은 깊은 울림을 전할 것이다. 교실 한 모퉁이에서 시작된 한 사람의 걸음이 국회라는 큰 광장에 닿기까지, 그 길에는 교육의 힘을 굳게 믿었던 수많은 이들의 발자국이 함께했다. 나는 그 길이 한국 민주주의의 또 다른 희망의 길이 되리라 믿어 의심치 않는다.

_조희연(20-22대 서울특별시 교육감)

국회의원 강민정 1호 법안

국정감사장, 고3학생, 한국교육 현실을 말하다(2020년)

소년법 6호 처분 시설 현안 청취 간담회(2021년)

지역 대학생들과 초청 간담회(2021년)

교육유세단 세종본부 시민 간담회(2022년)

인천 지역 학생들과 함께

이해충돌방지법 제정 촉구 기자회견(2021년)

김건희 논문 조사 촉구 국회 기자회견(2021년)

지역 아동센터 선생님, 어린이와 함께

20대 대선 선거운동(2022년)

2부 국회 교육상임위원회의 새바람이 되다

3부

교육위 밖 여의도 이야기

국회 상임위 활동은 국회의원 활동에서 가장 중요한
부분이기는 하지만 국회의원 전체 소임 중 일부에 불과하다.
모든 국회의원이 소속 상임위가 있어도
타 상임위 소관 법안까지 제한 없이 발의할 수 있는 것은
국회의원의 포괄적 업무 권한과 책임 때문이다.
국회의원의 활동은 국회의원 연구단체 활동, 자발적 의원 소모임,
각종 대책위나 인사청문회 같은 비상시적 위원회 활동,
의원 외교 활동은 물론 각 의원이 속한 정당 활동까지
다양한 범위와 수준에서 이루어진다. 3부에서는
상임위 활동 외 의원 활동이나 국회가 갖는 일반적 특징도
함께 살펴봄으로써 국회 운영을 이해하는 데
도움이 될 만한 이야기들을 나눠보려 한다.

의정활동
원칙

약자를 위한 국회의원, 현장 중심 의정활동

국회의원도 대통령도 그 임기를 시작하며 국민 앞에 헌법 준수 선서를 한다. 우리 헌법은 전문과 총강 아래 국민(기본권) - 국회 - 정부(대통령 - 국무총리·국무위원 - 감사원) - 법원 등의 순서로 구성되어 있다. 헌법 제1조에서 국민주권주의를 선언하는 것은 물론 헌법 구성에서도 국민과 국민 대표기관인 국회를 앞세우는 것을 통해 권력기구 내 국회 위상을 분명히 밝히고 있다.

흔히 말하는 삼권분립은 각 기관 자체의 수평적 권한 관계라기보다 국회, 정부, 사법기관이 모두 국민을 위해, 국민에 봉사하는 역할에 수렴되어야 하며 이를 위한 상호견제 필요성을 의미하는 것이다.

국회의원과 대통령 등이 선서한 헌법 준수 역시 국민을 중심에 두고, 국민을 우선한다는 바로 이 헌법정신 실천 약속을 의미한다.

그런데 헌법이 보장을 명하고 있는 국민 기본권은 현실과 간극이 존재한다. 이 간극을 최대한 줄여 헌법정신을 최대한 실현하는 것이 헌법기관 종사자인 공직자들 임무다. 안타깝지만 국민 일부에게는 과도한 권리가, 국민 다수에게는 과소한 권리가 보장되고 있는 것이 우리 현실이다.

정치는 이 권리 분배의 불균형성을 해소하여 국민 모두가 헌법적 권리를 보장받고 행사하는 사회를 만드는 일이라 할 수 있다. 따라서 헌법 준수를 선서한 국회의원의 의정활동은 다양한 이유로 헌법적 권리 행사를 제대로 하지 못하는 사회적 약자를 중심에 두고 활동해야 한다. 이것이 의정활동을 하는 나의 첫 번째 원칙이었다.

이 원칙을 실천하는 일은 자연스럽게 우리 사회 다양한 약자들 문제에 관심을 가지고 그들과 함께 그들의 문제를 풀어가는 일에 나서게 한다. 이것이 국회의원 임기 내내 장애인 인권, 노동 인권, 재난 피해자 인권, 그리고 우리 사회 가장 약자인 학생 인권에 관심을 가지고 활동하게 된 배경이다. 관심을 갖는다는 것이 그들을 대상화하는 것을 의미해서는 안 된다.

국회의원은 국민을 대의하지만 결코 전권을 위임받은 것은 아니다. 국회는 끊임없이 국민 소리에 귀 기울이고 다양한 방식으로 참여시키기 위해 노력해야 한다. 행정부도 일정하게는 그러해야 할진대 대의기구인 국회는 말할 것도 없다. 이 점에서 엄밀하게 말하면 국회와 국민은 서로 역할 분담을 한 '분업과 협업 관계'라고 할 수 있다. 내가 현장 중심 의정활동을 중요하게 여긴 까닭이다.

국회와 국회의원 모두 헌법기관이지만 선거가 끝나 국회가 구성되고 난 후에도 국회 밖 국민들과 소통과 협력 없이는 국회가 제 역할을 하기 쉽지 않다. 국가발전 비전을 가지되 국민보다 딱 반 발 앞서 현장을 중심으로 국민과 함께 나아갈 때 국회는 현실에 발 딛고 우리 사회를 앞으로 견인해나갈 수 있다.

그런 점에서 볼 때 최근 당원주권 시대나 국민주권 정부라는 호명은 시대에 부응하는 것이기도 하지만, 애초 민주주의 사회에서 정당과 국회, 정부가 제 역할을 하기 위해 갖추었어야 할 기본을 찾아나가는 일이기도 하다. 이런 변화가 일시적 현상이 아니라 역사적 전진이 되기 위해서는 선언을 넘어선 시민 참정권 확대 제도화에 대한 고민이 필요하다. 이것은 22대 국회에 부여된 과제가 아닐까 싶다.

민주주의를 실천하고자 노력하는 국회의원

국회는 대의제 정치가 불가피한 현대사회에서 민주주의 실현의 핵심 기관으로 그 임무를 부여받았다. 따라서 당연히 국회야말로 가장 민주주의가 살아 있는 기관이어야 한다. 국회 구성과 운영은 물론 국회의원실도 민주적 원리가 작동되어야 한다는 것이 나의 생각이었다. 아래로부터 민주주의가 살아야 민주주의를 요구할 수 있고, 민주주의가 실현될 수 있기 때문이다.

그래서 나는 보좌진 8명과 인턴 1명으로 구성된 의원실 첫 회의에서 우리 의원실도 민주적으로 운영되어야 한다는 것을 제1원칙으로 할 것임을 밝혔다. 보좌진 내에도 4급, 5급 등 급수가 있고 각자 맡은 바 특화된 업무가 있지만 서로 평등한 동료로서 일을 하자는 것이 그것이다. 의원인 나 자신도 이 원칙에 충실하고자 했지만 4년을 함께 일한 보좌진들 평가는 어떨지 모르겠다.

두 번째 원칙은 국회 업무를 위해 학교현장에 부담을 주는 일은 최소한으로 해야 한다는 것이었다. 그것이 국회 의정활동에서 특히 유의해야 할 민주적 활동 방식이기 때문이다. 교육위 소관 기관인 학교가 교육에 집중하도록 해야 할 의무가 있고, 따라서 자료요청 시 가급적 교육청 차원 제출이 가능하도록 노력하자는 것이 그것이다.

이 원칙에 모두 동의해주어 우리 의원실은 급수에 따른 차별이나 의원실 운영에서 불평등한 업무 배분이 일어나지 않도록 하기 위해 모두 노력했다. 예를 들면 의원실 청소나 공동 업무는 당번제로 모두 참여하고, 방문객이 있거나 의원실 내부 전체 행사 뒷정리는 함께하거나 서로 나누어 하는 식으로 운영되었다. 학교에 부담 주지 않는 자료 요청 방식은 노력한다고 했으나 학교에서 느끼기에 얼마나 개선되었는지 모르겠다.

우리 의원실에서 주력으로 삼고 집중하는 법안이나 의제에 대해서는 나를 포함해 10명이 모두 참여하는 전체회의 방식으로 운영했다. 교육에 대한 이해 정도나 각자 업무에 따른 차이가 있긴 하지만 우리 의원실 주요 업무를 충분히 이해하고 공유하는 것이 필요하고, 또 1차적으로 의원실 구성의 다양성만큼 다양한 의견을 확인하는 것도 도움이 되는 일이기 때문이다.

물론 모든 사안을 전체회의로 진행한 것은 아니고 핵심 주요 사안에 적용했다. 이 과정을 통해 구성원들이 업무 이해도를 높이고, 개인 편차가 좁혀지며, 몸담고 있는 조직 업무의 주체로서 의식을 갖기를 기대했고 어느 정도 그 기대에 부응했다고 생각한다. 이런 방식이 보좌진 개개인에게는 다소 힘든 일이었을지도 모르지만, 모두가 주체가 되는 분업과 협업 체계가 이루어지는 작은 사회이길 바라는 마음이 보좌진들에게 전달되었기를 바랄 뿐이다.

토론회 전 시간 참석 원칙

국회에서 하는 모든 토론회는 국회의원이 주관하거나 주최에 나서야 개최가 가능하다. 국회라는 장소와 의원 주최라는 형식이 갖는 무게가 크기 때문에 국회에서 개최하는 토론회는 그 자체가 토론 주제를 의제화하고, 사회적 관심을 불러일으켜 여론 형성의 주요 매개가 된다. 토론 형식을 통해 다양한 의견을 수렴할 수 있어 국회의원 입법 작업의 토대를 확보하는 일이기도 하다.

내가 국회의원이 되기 전 가끔 국회 토론회에 참석할 때 의원들이 이름만 걸고 참석하지 않거나, 참석해도 인사말만 하고 자리를 뜨는 것을 보면서 문제의식을 많이 느꼈다. 토론회가 형식화되지 않고, 국회의원이 같이 듣고 참여해야 의정활동에 반영되어 의원에게도 실질적 도움이 되는 게 아닌가 싶었기 때문이다.

국회의원이 되고 나서야 그것이 그리 쉬운 일이 아님을 알게 되었다. 국회와 지역구를 같이 챙겨야 하는 지역구 의원이거나 당직이나 당의 특별한 업무를 맡은 의원의 경우 두 시간을 넘기기 일쑤인 토론회에 내내 참석하는 것이 물리적으로 쉽지 않기 때문이다. 그런데 나는 비례대표 의원이었기 때문에 지역구 의원과는 달랐다.

그래서 나는 우리 의원실에서 주관하거나 주최하는 토론회는 반드시 끝까지 참석하는 것을 원칙으로 했다. 때로는 내가 토론회 좌장으로 참여하는 경우도 적지 않았다. 실제로 여건만 된다면 토론회에서 나오는 다양한 의견을 듣는 일은 입법이나 상임위 활동에 상당히 도움이 되는 일이니 토론회를 끝까지 함께하는 것은 필요하고도 좋은 일이기도 했다.

    우리 의원실에서 주관하거나 주최하는 토론회가 교육과 관련된 것만이 아니었기 때문에 토론회 참석은 다양한 분야 문제들에 대해 학습하는 것이기도 했다. 모든 일이 그렇지만 국회의원은 전국적이고 다방면 의제에 대한 학습이 특별히 필요한 일이니 많은 도움이 됐다. 내게 조금이라도 일반적 상식이 깊어졌다면, 그것은 전적으로 다양한 주제로 개최된 국회 토론회에 참석해 함께한 덕분이다.

비례 초선 의원 눈에 비친 국회

감히 초선 의원이…

민주주의를 위한 헌법기관인 국회나, 내가 속한 정당이 민주주의를 당명으로 하는 조직이었지만 국회와 정당 운영이나 문화가 늘 민주적인 것은 아니다. 항상 대립하고 경쟁하던 타 당은 더 말할 것도 없다. 오죽하면 국회선진화법 같은 것이 만들어졌으랴. 의원에 따라 차이가 있지만 정당과 국회라는 조직은 기본적으로 초선인가 재선인가 하는 선수(選數) 중심 문화에 기초해 작동된다.

나는 왕초짜 정치인임에도 별 구애받지 않고 할 말 다 하고, 하고 싶은 일 다 하며 4년을 지낸 편이다. 아마도 의원 총회 발언 최다 의원 몇 위 안에 들어가 있을지도 모른다. 나는 의원 총회나 회의 발언뿐 아니라 의원들이 속해 있는 텔레그램 톡방에서도 글이나 기사를 가장 많이 올리는 사람이기도 했다. 나를 피곤하거나 유난스러운 사람으로 생각하는 의원들도 있었을 것이다.

이런 내가 2022년 0.73%라는 아까운 차이로 대선에서 패하고 열렸던 첫 의원 총회에서 발언했을 때였다. 나 나름대로 대선 패배에 대한 의견을 이야기하고 있었다. 그때 맨 앞줄에 앉아 있던 다선 의원 한 분이 내 발언 중에 '감히 초선이 지금 우릴 훈계하려 하느냐'며 나를 '훈계'했다. 나로서는 충격 그 자체였다.

더 충격적인 것은 그 의원 발언에 대해 그 자리에 있던 수십 명 의원 중 아무도 문제 제기하거나 지적하지 않고 침묵했다는 사실이다. 대선 패배의 무게가 너무 무겁고 모두가 침울했던 자리라 그 자리에서 그의 태도에 대해 논쟁하지 않고 개인적으로 문제 제기해 사과를 받았다. 그러나 이는 우리 정당 민주주의 지수를 상징적으로 보여주는 장면이라 할 수 있다.

다행인지 불행인지 공식 회의에서 나를 초선이라는 이유로 훈계했던 그 다선 의원은 다음 총선 때 공천 탈락 후 당적을 옮겼다. 번지수를 잘 찾아간 셈이다. 아무튼 민주당이 이럴진대 내란수괴 윤석열을 상왕으로 모시고 제대로 된 바른 소리 한번 못하는 자칭 보수 정당은 안 봐도 비디오란 생각이 들었다.

2025년 9월 실제 22대 국회 법사위에서 국민의힘 다선 나경원 의원이 법사위 야당 간사 선출 건을 다루는 공식 상임위에서 "초선은 가만히 있으라"며 소리를 지르는 장면이 국회 방송을 타고 전 국민에게 생중계되었다. 그 사건은 타 당의 강력한 항의와 비판을 받고 언론도 한동안 꽤 여러 매체에서 집중해 다루는 기삿거리가 되었다.

모두 부끄러운 일이다. 불행하게도 우리 모두는 민주시민교육을 제대로 할 수 없는 여건에서 공교육을 받고 자란 사람들이다. 한마디로 민주주의를 배우지 못하고 민주주의를 지키고 발전시키는 임무를 수행해야 하는 딜레마적 존재들이라 할 수 있다. 그렇다 할지라도 적어도 국회 구성원이 된 순간 민주주의 실천을 위해 각고의 노력을 해야 하는 것이 국회의원 의무다.

민주주의 사회를 작동시키는 핵심 장치로 법의 보호까지 받는 국회와 정당 문화가 민주주의와는 아직 너무 멀리 있었다. 21대 후반기부터 민주당에는 당원주권 시대가 열렸다. 게다가 12·3 내란을 막아내면서 전투적 동지애가 형성되었을 22대 국회다. 적어도 이제 민주당에는 내가 보고 겪었던 정당 민주주의 결핍이 많이 개선되었으리라 생각하고 또 기대한다.

나를 당황하게 한 본회의 30초 표결

국회법 제93조의2항에는 국회 본회의에서 의결되는 법안 상정 기한이 규정되어 있다. 상임위에서 의결된 법안은 법사위에서 법의 '체계·자구 심사'를 마치고 의장에게 그 보고서를 제출한 후 1일이 지나지 아니하였을 때에는 그 법률안을 본회의에 상정할 수 없도록 되어 있다. 즉, 국회의원들이 본회의에서 법안에 대해 표결하기 전에 최소 1일의 시간을 확보해야 한다는 뜻이다.

아마도 대부분 법안은 의장에게 보고된 뒤 1일 이상이 지나 본회의에 상정되었을 것이다. 이 기간은 당해 본회의에서 처리할 법안을 정하고, 국회 본회의를 진행하기 위해 의사국에서 자료를 분류·정리하고, 회의 자료를 만드는 데 소요되는 시간을 염두에 두고 설정되었을 것이다. 그러나 직접 표결을 하고 그 표결에 책임을 지는 국회의원 입장에서는 최소 하루 전에 본회의에서 표결할 법안을 들여다보는 것이 반드시 필요한 일이다.

그런데 4년 동안 수천 개 법안[20]이 본회의에 상정되어 표결 절차를 거쳤지만, 매번 심사해서 표결해야 할 법안은 본회의장에 입장해 자리에 앉으면 책상 위에 올려져 있었다. 많은 경우 그날 심사·의결해야 할 법안 자료가 사전에 공유된 적이 없었다는 뜻이다. 이 말은 국회의원들이 표결하는 법안 내용을 미리 들여다보고

---

20) 21대 국회 4년간 의원 발의, 정부 발의, 위원회 발의를 모두 합처 총 25,858건의 법안이 국회에 제출되었으며, 이 중 2,959건이 원안 가결되어 가결율은 11.4%였다. 가결·대안 반영·수정안 반영된 전체 법안 처리 건수는 9,086건으로 35.1%다. (제21대 국회 입법활동 분석, 국회 입법조사처, 2024.12.19.)

표결할 수 없다는 것을 뜻한다.

　국회의원은 개개 의원이 모두 헌법기관이고 법안 하나하나에 찬성, 반대, 기권을 누를 때 그 책임은 의원 각자가 지는 것이다. 더구나 교육위 위원인 내가 행안위 법안이나 환노위 법안, 산자위 법안 내용을 들여다볼 기회는 없다. 심지어 소속 상임위인 교육위 법안도 법안소위 위원이 아닌 경우 자세하게 들여다볼 기회가 없는 경우도 적지 않다.

　국회 전반기 2년 동안 나는 상임위인 교육위의 예결소위에 소속되어 있었기 때문에 교육위 법안소위에서 다루는 법안들을 깊이 들여다볼 공식 기회는 교육위 전체회의 마지막 심의 단계에서였다. 각 법안들을 들여다보려면 특별히 법안소위를 통과한 법안을 구해 사전에 개인적으로 검토하지 않으면 안 된다.

　더구나 교육위 법안들은 대개 교육상임위 활동과 연계되는 경우가 많긴 하지만 교육위 위원이 아닌 타 상임위 소속 의원들이 발의한 교육 관련 법안도 포함되기 때문에 전체적으로 법안 내용을 사전에 살펴보는 것은 필요한 일이다. 나 역시 교육 관련 법뿐 아니라 노동 관련 법이나 복지 관련 법, 선거법 등의 개정안을 발의하기도 했으니 타 상임위 의원들도 마찬가지다.

　국회 법안 심사 절차에 따라 '상임위 법안소위 - 상임위 전체회의 - 법사위'를 거쳐 의결되어 통과된 법안은 충분한 검토를 거쳤고, 민주적 절차에 의해 확정된 법안이라는 것을 전제로 한다. 즉, 일종의 합의된 것으로 간주되어 본회의에 상정된다. 그래서 본회의에 상정된 법안이 부결되는 것은 극히 예외적인 경우다.

그렇다고 해서 모든 법안이 100% 찬성으로 통과되는 것은 아니다. 각 법안에 대해 의원 각자 판단해서 표결한다. 그래서 100% 찬성 의결은 예외적인 경우가 되고, 법안마다 항상 기권이나 반대표가 어느 정도 나오기 마련이다. 법안의 법적 효력은 각각이 헌법기관인 300명 의원의 다수결 표결에 의해 최종 발효된다. 아무리 여러 단계 공식 심의 절차를 거쳐도 본회의 표결이 형식적 절차 이상 의미를 갖는 이유다.

본회의 표결만이 법적 효력을 갖는다는 것은 그만큼 의원 개개인이 표결에 대한 책임이 있다는 뜻이기도 하다. 나는 아무리 일정한 공식 의견 수렴 절차를 거쳐 본회의에 올라온 법안일지라도 내가 표결하는 법안의 내용을 알지 못한 상태에서 표결 버튼을 누를 수는 없다고 생각했다.

정당 간 심각한 의견 대립으로 쟁점이 되는 법안이 있는 경우 때때로 본회의 몇 시간 전에야 법사위를 통과하는 법안도 있다. 이럴 경우 사전 검토는 물리적으로 불가능하다. 그러나 이런 쟁점 법안은 사전에 이미 사회적 논란이 되는 경우가 많기 때문에 오히려 법안에 대한 정보 파악이 가능하고 표결에 대한 입장 정리가 수월한 경우가 많다.

그런데 보통 일반 법안을 처리하는 본회의에서는 한 번에 적게는 30~40개, 많게는 100개 이상의 법안을 처리한다. 본회의에서 법안 하나를 표결 처리하는 데는 1분도 걸리지 않는다. 그러니 사전 검토하지 않으면 내가 표결하는 법안 내용도 모르고 버튼을 눌러야 하는 상황을 피할 수 없다.

이런 사정을 모르던 임기 초에는 본회의에 들어가서 법안 설명이 진행되는 짧은 시간 동안 빛의 속도로 법안 요약본을 보고, 이후에는 사전에 법사위 의결된 법안을 구해 어떻게든 미리 내용을 본 후 본회의에 들어갔다. 그것이 내가 누른 버튼에 책임을 지는 일이기 때문이다. 쟁점 법안 표결에는 유권자들이 다들 관심을 갖고 때론 표결에 대한 의원 입장을 비판하거나 추궁하기도 한다.

그러나 쟁점 법안이 아니라도 국회에서 의결되는 모든 법안은 정도 차이는 있어도 다 국민 일상에 직간접적 영향을 끼치게 된다. 그리고 많은 경우 위반 시 처벌 대상이 되거나 처벌 규정이 없는 경우에도 일반적으로는 강제력이 수반되는 것이 법이다.

법이 갖는 이런 중요성을 생각한다면 본회의 상정 결정과 동시에 심의 의결 대상 법안이 사전에 국회의원들에게 공유되는 절차가 마련되어야 한다. 최소 24시간 전에는 표결권을 행사할 국회의원이 자신이 표결할 법안 내용을 사전 검토할 시간을 확보해줘야 한다. 그래야 법안 심의가 더 내실 있게 되고 표결에 대한 의원 책임성도 높일 수 있다.

초선 의원 소신 표결 소동

임기 첫해인 2020년 코로나 팬데믹 확산은 의료적 방역 대책만이 아니라 사회적 거리두기로 인해 멈춰 세워진 일상 지원 대책 마련도 긴급하게 요구했다. 정부와 국회가 팔 걷어붙이고 나서야 할 일이었다. 그래서 유난히 추경 예산을 심의하고 의결하는 본회의가 많이 열렸다. 국회 역사상 근 50년 만에 처음 연간 4차례나 추경이 편성되었다.[21]

국회의원 임기는 공식적으로 매 4년째 되는 해 5월31일 시작된다. 상임위가 구성되자마자 2019년 결산 심의와 동시에 3차 추경안 심의를 했다. 교육위에서 3차 추경을 심의하면서 나는 다 같이 어렵고 힘든 시기이지만, 아이들에 대한 지원을 우선적으로 해야 한다는 원칙을 강조했다. 아이들에 대한 예산은 곧 코로나 이후 대비 예산이자 미래에 대한 예산이기 때문이다.

코로나 확진자가 급속도로 늘어나고 확산 속도가 빨라지면서

---

21) 2020년 코로나 추경 내역, 1차 추경 : 3월 17일, 2차 추경 : 4월 30일, 3차 추경 : 7월 3일, 4차 추경 : 9월 22일

사상 처음으로 개학이 늦춰지고 4월에서야 단계별로 온라인 개학이 실시되었다. 개학 초에는 낮은 단계 사회적 거리두기인 '생활 속 거리두기'가 실시되었다. 또 전국 모든 학생이 원격 수업을 할 수 있는 인프라 구축이 미비한 상황이었기 때문에 5월부터 비대면 원격 수업과 등교 수업이 병행되었다.

그러나 학교에 따라서는 학교 구성원 회의를 통해 처음부터 등교 수업을 지속한 경우도 있었다. 주로 혁신학교들과 소규모 학교들이었다. 이들 학교들이 당시 상황에서도 대면 수업 결정을 한 것은 전면적 비대면 수업이 초래할 교육적 문제들을 우려했기 때문이다. 초등학교든 중등학교든 2020년 당해에 새로운 학교에 첫 적응을 해야 할 입학생들 경우 교우 관계나 학교생활 적응에 큰 어려움이 발생할 수 있다.

게다가 아이들 가정환경 차이로 인해 비대면 수업에 대한 여건과 부모나 어른의 적절한 지원을 제공해주지 못하는 경우도 있고, 이것이 아이들 간 심각한 격차를 유발할 것이라는 우려도 컸다. 실습이 필요한 예체능 계열 학생이나 특성화고 학생과 특수교육 대상인 장애학생의 경우에는 비대면 수업의 어려움이 더 크게 발생할 수밖에 없다.

이런 이유로 추경 예산 심의에서 코로나 특별 대책으로 교실 내에서도 사회적 거리두기가 가능하도록 학급당 학생 수를 20명 이

하로 긴급 조정, 방역과 교육을 함께 담당하는 교사의 이중고를 해결하면서도 방역 효과를 높이기 위한 방역 전담 인력 배치, 특수교육 대상 학생 등 취약 계층 학생을 위한 에듀테크 멘토링 예산 지원 확대 등을 추경에 반영해야 한다고 주장했다.

그러나 정부가 제출한 3차 추경은 총 35조 3천억 원이었지만 그중 교육 예산은 0.88%인 3,100억에 불과하였다. 무엇보다 2차 추경 기준 12개 정부 분야 예산 중 가장 큰 규모 예산 삭감이 이루어진 분야가 교육 예산이었다.[22] 아이들에 대한 예산 삭감은 최소화하고 지원은 우선적으로 해야 한다는 원칙은 실종되었다.

추경에 반영된 교육 예산은 원격교육 인프라 예산만이었고, 교육위에서 강조한 방역 물자와 방역 인력 예산 등은 아예 편성되지 않았으며 취약 계층 아동 지원 예산은 대폭 삭감되었다. 재난은 모두에게 공평하게 오는 것이 아니라 취약 계층에 더 크고 깊게 온다는 내 이야기는 허공으로 날아갔다. 더구나 당시 본회의 직전에야 3차 추경 예산안을 볼 수 있었다.

나는 정부가 제출한 추경안에 도저히 찬성을 누를 수가 없었다. 300명 국회의원 중 나라도 아이들을 지키는 예산 편성 필요성

---

[22] 3차 추경 지출구조조정 10조 1천억 중 지방교육재정교부금 삭감이 4조 1천억 원이었다. 전체 감액 중 40.59%가 아이들에게 써야 할 예산이었다.

에 대한 입장 표명을 해야겠다는 생각에서 '반대' 버튼을 눌렀다. 표결에 참석한 전체 의원 중 나만 유일한 반대자가 되었다. 임기 초인 데다가 친정부 정당으로 알려진 열린민주당 의원이 정부 예산안에 유일한 반대자가 된 것을 언론은 즉각 기사화했다.

동시에 기자들로부터 전화가 쏟아지고 내 페북과 당 게시판에는 나를 성토하는 글들이 폭풍처럼 이어졌다. 댓글 논조는 대부분 '문재인 정부에 감히 반기를 들다니', '어디서 갑자기 튀어나온 정치적으로 무능한 의원', '당장 사퇴하라'는 투의 글들이었다. 제도 정치권에 들어와 처음 겪는 일이어서 다소 당황하기도 했지만 나는 내 행동에 잘못이 있었다고 생각하지 않았다.

시간이 지나 무조건적 지지만이 능사가 아님을 깨닫게 되면서, '우리 이니 뭐든지 다 해'가 결코 건강한 당원의 태도가 아닐 수 있다는 평가도 이루어지게 되었다. 내가 겪은 일은 민주 진영 시민 유권자들에게 노무현 대통령의 비극으로 인한 트라우마와 부채 의식이 강하게 각인되어 있고, 이를 극복하는 과정에서 발생한 과도기적 현상이라고 생각한다.

얼마 지나지 않아 내게 사퇴하라 했던 당원과 지지자 중에 내 페북에 '좋아요'를 자주 눌러주는 페친이 되거나 응원을 보내주는 이들이 생겼다. 정치권 안팎에서 특정인에게 무비판적 지지를 보내는 팬덤 정치를 우려하고 비판하기도 하지만, 극소수를 제외하면 대부분의 시민들은 스스로 객관화하는 집단지성의 힘을 갖고 있다고 생각한다. 아무튼 임기 초 특별한 예방주사를 맞은 셈이다.

비례 의원이 본 지역구 의원

국회에는 254명의 지역구 의원과 46명의 비례대표 의원이 있다. 지역구 의원들은 지역 대표성을 갖는다. 비례 의원들은 제도 정치권 진출이 어렵다는 점에서 정치적 약자인 장애, 노동, 여성, 청년들의 정치 진출을 지원하고, 아울러 국회에 필요한 전문성을 보강하기 위해 사회 각 분야 전문가를 공천하여 구성한다. 나는 4년 내내 비례대표 의원으로 활동했다.

이런 취지를 잘 살리는 길은 내가 갖고 있는 교육 전문성이 국회에 잘 반영되도록 노력하는 것이었다. 여러모로 부족함이 많지만 교육계 현안 해결과 교육개혁을 위해 필요한 일에 최선을 다하고자 했다. 바쁜 지역구 의원들을 대신해 더 많이 활동하는 것이 비례대표인 내 몫이라 생각했다. 토론회도 많이 열고, 기자회견장에도 많이 서고, 국회의원이 필요한 현장을 직접 찾는 일에도 가급적 참여했다.

비례대표 국회의원으로 일을 해보니 멀리서 볼 때와 달리 거의 시간이 모자랄 정도로 바쁜 일상의 연속이었다. 그러나 내가 겪은 것보다 더 많은 시간과 노력과 에너지를 요구받는 이들이 지역구 의원들이다. 지역구 의원들은 국회 업무를 기본으로 하면서 각자 자기 지역구 일도 동시에 챙겨야 하기 때문이다. 거의 업무 하중은 비례대표 의원의 최소 1.5배 이상 되는 것 같다.

지역 행사 참여, 지역 현안 경청과 해결 등등은 비례대표 의원들에게는 없는 지역구 의원 소임 중 하나다. 그러나 지역구 의원들 활동을 보며 때때로 어떤 문제의식이 생기기도 했다. 지역구 국회의원을 뽑는 이유가 무엇인지, 지역구 국회의원 역할은 무엇이 되어야 하는지에 대한 것이었다.

왜냐하면 각 지역에는 광역·기초 지방의원들이 모두 있기 때문이다. 이들과 지역 국회의원은 지역이 중첩된다는 공통점이 있지만 역할이 달라야 한다. 국회의원은 지역 현안 해결이 주된 임무라기보다 중앙 단위에서, 전국적인 범위의 과제를 그 지역 유권자들을 대표해 해결하는 것이 주된 임무여야 한다. 지역 현안은 기초의원과 광역의원이 집중해야 하며, 중앙 단위 협력이 필요한 예외적인 경우에 지역 국회의원과 협업해야 한다.

한마디로 기초의원, 광역의원, 지역 국회의원의 역할과 책임은 보충성 원리에 의해 구분되고 구현되어야 한다. 보충성 원리란 행동의 우선권은 언제나 '소단위'에게 있고, '소단위'의 힘만으로 처리될 수 없는 사항에 한해 '차상급 단위'가 보충적으로 개입하는 것을 말한다. 그런데 현실에서는 이 경계와 원칙이 무너져 있다.

원인은 복합적이다. 각급 단위 의원들의 역할 범위에 대한 인식이 불분명한 것, 요구나 민원 해결 가능성을 높이기 위해 동원할 수 있는 모든 네트워크를 동원해야 한다는 지역 유권자들 인식, 무엇보다 지역 유권자와 접촉면을 최대한 높여야 의원 인지도와 긍정적 활동 평가를 높일 수 있다는 선거의 속성으로부터 유발된 결과가 복합적으로 작용하고 있다.

그러나 내가 옆에서 본 지역구 국회의원들 일상은 문제적으로 보이는 경우가 많았다. 동네 학교 운동장 개방 문제를 해결해달라는 요구를 받기도 하고, 김장철이면 하루에 7~8개 지역 복지관을 찾아 김장하기에 참여하고, 송년회 시즌이 되면 지역민들이 연 송년회를 오전부터 밤늦게까지 7~8개 참여하고, 주말인 토·일요일에는 새벽에 지역에서 떠나는 각종 동호회나 효도 관광 버스에 올라 3분 인사를 한다. 교회도 성당도 절도 다 다니는 의원도 많다.

무슨 에너지로 그런 초인적 일정을 소화하는지 놀랄 때가 많았다. 지역민을 자주 만나 지역 현안을 파악하고 현장의 소리를 듣는 것은 국회의원 활동에 필수적인 일이다. 그러나 지금과 같은 방식이 과연 생산적인 지역구 활동인지는 되돌아볼 필요가 있다. 왜냐하면 아무리 국회의원 배지를 단 사람이라도 한 사람이 투여할 수 있는 에너지와 역량의 총량은 제한되어 있기 때문이다.

의원의 제한된 에너지와 역량을 좀 더 전국적 의제 해결에 집중할 수 있도록 하는 제도적·문화적 전환이 필요하다. 의원 평가 방식도 개선하고 지역구 의원들이 정책을 매개로 소속 지역구 주민들을 만나는 방식을 고민해야 하지 않나 싶다. 물론 지역구 현안 발굴 차원에서 지역 경로당, 어린이집, 복지관, 대학 등을 방문할 수 있고 방문해야 한다. 그러나 그것이 스킨십을 높이는 것에 중심을 두고 진행되는 것이어서는 안 되지 않을까.

　기초의원, 광역의원, 지역 국회의원들이 각각 제 역할을 할 수 있도록 견인하는 힘은 지역 유권자들에게서 나온다. '의원 사용 설명서'가 새로 쓰였으면 좋겠다. 지역구 의원에 대한 평가를 지역행사 참여도가 아니라 중앙에서 우리 지역 유권자를 대표해 전국적 현안 해결에 유능하게 기여하는가 여부를 기준으로 해야 하지 않을까.

　그래야 지역구 국회의원들이 제 역할을 하게 할 수 있다. 몇 년 전 어느 등산로 입구에 걸린 행사 안내 현수막이 인상 깊었다. 거기에는 행사 안내와 더불어 '정치인을 부르지 맙시다'라고 쓰여 있었다. 정치에 대한 냉소가 아닌 당당한 주권자 의식을 표현한 것으로 느껴졌고, 나와 비슷한 생각인 듯해 반가웠다.

아프고 힘든 사람들이 있는 곳은 어디인가?

국회의원 활동은 소속 상임위에 국한되지는 않는다. 타 상임위 관련 업무 일지라도 헌법 수호를 위해 필요한 일은 할 수 있고, 해야 한다. 대부분 국회의원들의 입법 활동을 포함한 의정활동은 주로 소속 상임위와 관련되는 것이지만 상임위를 넘나들며 폭넓게 이루어진다.

예를 들면 나는 주로 교육문제와 관련한 활동을 중심에 두고 의정활동을 했지만, 노동 문제나 장애인 인권 문제, 이태원 참사 대책 등에 비교적 힘닿는 대로 참여해 도움이 되고자 했다. 그래서 노조법 2, 3조 개정안, 중대재해처벌법 개정안, 파견노동자 임금 보전을 위한 법이나 장애인 차별금지법 개정안, 선거법 개정안 등을 발의하고 관련 집회나 행사에 최대한 참여했다.

해결해야 할 사안이 있을 때 해당 상임위 위원이면 직접 관련된 소관 기관을 움직이거나 관련자들과 긴밀하게 소통할 수 있기 때문에 국회의원이 결합하는 효과가 더 크다. 그러나 우리 사회 곳곳에 가려져 있는 약자들은 국회의원과 접촉할 기회 자체가 너무 적고 도움을 받는 것이 쉽지 않다. 국회의원은 상임위와 무관하게 헌법기관으로서 권한을 행사할 수 있다.

그래서 다양한 현장에 배지를 단 국회의원이 함께하는 것만으로도 주최 측에는 힘이 되고, 때론 약자들이 위협적으로 느낄 수밖에 없는 경찰들로부터 보호막 역할을 하기도 한다. 법은 멀어도 어깨를 건 현장이나 국회의원의 한마디 발언이 도움이 되기도 한다.

이런 생각으로 참여 요청이 있으면 가급적 반드시, 요청이 없더라도 인지한 경우에는 최선을 다해 약자의 현장에 함께하고자 했다. 아래 언급하는 사례 외 비록 일회적 활동이었지만 국회의원이 된 보람을 특별히 느꼈던 활동도 있다. 노숙인 대상 인문학 1년 강좌를 하며 자립을 돕는 성프란시스대학과 협업한 일이 그것이다.

나는 동료 의원들과 함께 2022년 9월 26일부터 일주일간 국회의원회관 로비에서 성프란시스대학 인문학 과정 노숙인들의 작품을 전시하는 시화전 '거리에서 움튼 글, 그림으로 피어나다'를 개최했다. 개막식에 참석해 자신의 작품이 국회에 전시된 것을 보는 노숙인 학생들의 자부심 가득한 눈빛을 잊을 수가 없다. 아마도 국회 로비 전시회 중 가장 따뜻한 전시회가 아니었을까 싶다. 그 외 기억나는 몇 가지만 더 나누고자 한다.

대우조선 파업에서 얻은 훈장, 흉터

2022년 7월 초 기사에서 본 사진 한 장에서 눈을 뗄 수가 없었다. 가슴에 송곳이 하나 박힌 느낌이었다. 대우조선해양(현 한화오션) 하청 업체 용접노동자 유최안 씨가 스스로 용접해 만든 사방 1m짜리 철제감옥 안에서 '이대로 살 순 없지 않습니까'라는 손으로 쓴 피켓을 들고 파업 농성하는 사진이었다. 무표정하지만 눈빛이 살아 있는 그의 얼굴이 지워지지 않았다.

나는 며칠 뒤인 7월 8일 일정을 조정해 거제도로 향했다. 무슨 계획이 있었던 것도 아니었지만 일단 만나봐야 한다는 생각이었다. 그는 꼼짝달싹하기 어려운 철제감옥 안에서 이미 보름째를 맞고 있었다. 옆에는 그를 지원하며 하청 노동자들의 요구를 내걸고 함께 농성하는 6명의 동지들이 있었다. 그들이 배를 만들기 위해 올라 다녔던 철제 계단은 농성장으로 가는 통로가 되었다.

그들은 5년간 7만 6천 명이 넘는 대량 해고와 550% 삭감된 상여금, 임금 30% 삭감 현실을 견뎌야 했다. 그러나 조선업 불황이 회복되고 '수주 대박'이라는 말이 나올 정도로 상황이 변했음에도 불구하고 노동자들의 사정은 달라지지 않았다. 하청 노동자들 요구는 하청 업체 업주 소관이라는 것을 이유로 원청인 본사는 무대응으로 일관했다.

내가 파업 현장을 찾은 날은 마침 전국금속노조의 조선소 앞 집회가 열리는 날이었다. 독(dock) 안의 농성자들을 만나고 나와 집회에 참석한 후 상경하자마자 민주당 을지로위원회[23] 문을 두드렸다. 마침 내가 민주당 원내대표단에 속한 부대표를 맡고 있을 때라 원내대표단 공개 발언 주제로 거제 조선소 파업에 대한 공개 발언도 했다. 이로써 거제에 머물러 있던 하청 노동자 파업은 정치권 의제로 들어왔다.

7월 13일 나는 민주당 을지로위원회에 속한 의원들과 다시 거제로 내려갔다. 우원식, 진성준, 김정호, 김주영, 이동주, 장철민, 박영순 의원 등이 함께했다. 민주당 의원 8명이 파업 현장을 방문하고, 파업 노동자와 간담회를 하게 되자 언론이 대대적으로 받았다. 이제 거제 대우조선소 하청 노동자 파업은 가장 뜨거운 노동 현안이 되었다. 나중에 밝혀진 바로는 명태균조차 대우조선을 방문했다고 하니 말이다.

---

[23] 2013년 더불어민주당 을지키는민생실천위원회(약칭 을지로위원회)가 사회적 '약자'(을)들의 민생 문제 해결을 위해 발족한 당 산하기구.

윤석열 정부는 민주당 의원 방문 바로 다음 날 노동부 장관과 산자부 장관의 1차 담화문을 발표했고, 7월 18일 추경호 기재부 장관, 한동훈 법무 장관, 이상민 행안부 장관, 이정식 노동부 장관, 이창양 산자부 장관이 함께 관계장관 합동 담화를 발표했다. 파업 중단을 촉구하던 1차 담화와 달리 2차 합동 담화는 법과 원칙에 따른 엄정한 대응을 강조하며 공권력 투입 가능성을 비쳤다.

정부의 강경 기조를 든든한 뒷배로 한 대우조선 측은 노조에 8,000억 손해배상을 타결 조건으로 내걸고 사실상 뒷짐을 지고 있었다. 파업은 장기화되어 농성이 30일을 넘길 상태였다. 민주당 을지로위원회는 하청 노조와 지속적으로 소통하고 있었다. 드디어 7월 20일 노사 양측 협상 타결이 가능할지도 모른다는 소식을 듣고 나는 우원식 의원과 함께 거제로 가는 저녁 비행기에 올랐다.

협상은 밤새 이어졌고 결국 새벽녘에나 타결이 되었다. 물론 협상 당사자는 하청 업체 업주 대표와 전국금속노조 거제·통영·고성 조선하청지회였다. 하청 노동자들의 임금과 작업 조건을 실질적으로 결정하는 원청인 대우조선해양은 나타나지 않았다. 을과 을의 노사합의가 된 셈이다. 그것도 유최안 동지의 농성 해제를 위해 삭감된 임금 30% 회복 요구마저 철회한 합의였다.

새벽까지 협상이 이루어지는 옆방에서 대기하고 있다가 눈을 붙이려 숙소에 들어갔지만, 아침에 본회의가 긴급하게 잡혔다는 소식을 듣고 새벽 기차를 타고 올라올 수밖에 없었다. 본회의장에 들어가 자리에 앉으려는 순간 다리가 풀려 넘어졌고, 넘어지면서 턱을 회의장 테이블 모서리에 부딪히면서 사고가 났다.

119 구급차가 본회의장 앞으로 오고, 나는 인근 병원으로 실려가 봉합수술을 받게 되었다. 부상 소식을 듣고 달려온 신현영 의원이 구급차를 같이 타고 가주었다. 역시 의사 출신 의원이다 싶었다. 신현영 의원이 흉터 없이 잘 꿰매주시라 당부했지만, 지금 내 턱에는 그날 부상 흔적이 남아 있다. 다행히 보기 흉할 정도도 아니지만, 대우조선 파업이 남긴 훈장으로 여기기로 했다.

협상은 끝났지만 문제는 남았다. 정작 협상장에는 불참했던 대우조선해양은 파업에 참여한 노동자들에게 파업으로 인한 손해액 470억을 배상하라고 손해배상소송을 제기했다. 노조법 2, 3조 개정안이 뜨거운 쟁점이 되면서 2025년 7월 회사 측이 소송 취하를 검토하고 있다는 보도도 나왔다. 이 법은 8월 국회를 통과했다. 소송 취하가 될 것이라 기대한다.

민주당 을지로위원회 멤버가 되다

대우조선 파업 과정에서 을지로위원회와 협력하며 많은 도움을 받은 나는 바로 당 을지로위원회 회원으로 가입했다. 매주 목요일 아침 7시 30분에 모여 회의하면서 노동 현장 소식, 소상공인

문제, 전세사기 피해자 문제 등을 공유하고 지원할 방안들에 대해 토론했다. 실제 파업이나 농성 현장을 찾고, 산재 노동자 문상을 가기도 하면서 당이 나서야 할 일들을 적극 찾아 나섰다.

더불어민주당 을지로위원회는 2013년 남양유업 대리점 상품 강매 사건을 계기로 사회에 만연한 '불공정 갑을 관계' 해결에 나서는 당의 역할 강화를 위해 창립되었다. 을지로위원회 창립에 가장 앞장섰던 우원식 의원이 초대 위원장을 맡아 위원회가 자리를 잡는 데 중요한 역할을 했다. 우원식 의원은 21대 국회 내내 거의 빠지지 않고 을지로위원회 회의에 참석하는 모범을 보였다.

21대 국회 후반기에는 박주민 의원, 진성준 의원이 위원장을 맡아 위원회를 이끌었다. 21대 국회 때는 민주당 의원 중 90명 가까운 의원들이 을지로위원회 회원으로 활동했다. 22대 국회에서는 100명이 넘는 의원들이 을지로위원회에 동참하고 있다고 한다. 반가운 일이다.

을지로위원회는 국회 청소 노동자 정규직화나 노사분규 사업장에 적극 결합해 분쟁 해결을 위해 다양한 노력을 기울인다. 여성의 날에는 여성 노동자가 다수인 한국 와이퍼 위장 청산에 맞서 싸우는 농성장을 방문하고, 해마다 산재 사망 노동자가 발생하는 SPC 문제 해결을 지원하고, 하이트진로 화물운송 노동자 청담 사옥 옥상 광고탑 농성장 방문 및 사측과의 간담회, 화물 노동자 양회동 열사 사후 대책 등 끊이지 않고 이어지는 곳곳의 '을'들을 지원하기 위해 뛰고 있다.

또 코로나 이후 악화된 소상공인 문제, 쿠팡 플랫폼 노동자 문제 등 을의 권리를 침해하는 다양한 분쟁 해결을 위해 지속적으로 노력했다. 을지로위원회 공식 일정이 아니더라도 개인적으로 을들을 위한 일들을 찾아 나서기도 했다. 2021년 1월 2일 새해 첫 일정을 LG 트윈빌딩 청소 노동자 농성장 방문, 하이트진로 홍천 화물운송 노동자 농성장 방문, 평택 청년 산재 사망 노동자 이선호씨 문상…….

21대 대선 때 이재명 당시 후보가 '민주당은 중도보수 정당'이라는 발언을 했다. 내가 국회 4년 동안 경험한 민주당의 정체성을 솔직하고 객관적으로 밝힌 것이라 생각한다. 정국을 주도하는 거대 양당이 사실상 모두 보수 정당인 셈이다. 물론 12·3 내란 이후 국민의힘은 보수로부터도 멀리 달아나 극우로 가고 있다고 보이니 보수 정당이라는 말이 지금은 어울리지 않기도 하다.

어찌되었든 이재명 후보의 위 발언은 우리 정치 지형에는 진보 정당이 충분히 발언하고 활동할 수 있는 공간이 거의 없다는 것을 확인시켜 준 것이기도 하다. 그러나 우리 사회에는 사회적 약자들이 곳곳에 있고 그들 역시 자신의 의견과 입장을 대변할 정치 세력을 가질 권리가 있다. 근본적으로는 선거제도 개혁으로 해결해야 하지만 쉽지 않은 것이 현실이다.

이런 상황에서 사회적 약자인 '을'의 고통에 관심을 가지고, '을'을 지키기 위해 열심히 뛰며, 입법 발의와 분쟁 해결에 나서는 공식 단위가 민주당 내에 있다는 것은 너무 다행스럽고 고마운 일이다. 보수는 대개 기존 질서 친화적이라는 점에서, 늘 경계하지 않으면 다수 사회적 약자들의 고통에 둔감해지기 쉽다. 을지로위원회는 민주당이 치우침 없이 늘 경계하도록 하는 소금 역할을 하는 셈이다.

장애인 인권 확대 현장에 함께하다

2024년 5월 29일 4년 국회의원 임기 마지막 날 나의 일정은 전국장애인차별철폐연대(전장연)의 출근길 지하철 타기 600일 기념 선전전이 열리는 혜화역에 함께하는 것이었다. 나는 전장연의 이동권 투쟁에 여러 차례 함께했다. 600일 기념일은 윤석열 정권의 장애인 탄압이 한창 고조되어 있을 때였다. 윤석열 정부에서 경찰 수십 명이 동원되어 아예 지하철역 진입을 막는 일은 다반사였다.

이날도 좁은 역 플랫폼에 장애인보다 경찰 수가 더 많을 정도로 경찰들이 에워싸고 있었다. 그들은 아예 장애인들을 플랫폼 밖으로 밀어내고 행사 자체를 불허할 기세였다. 600일 기념 행사가 무사히 끝날 수 있도록 협조해줄 것을 현장 책임자에게 강력히 요청

했다. 다행히 소통이 원활히 이루어져 경찰들은 행사 자체를 막지는 않았다. 마지막으로 의원 배지가 값을 하는 날이었다.

나는 임기 내내 장애인단체와 긴밀히 소통하고 그들의 이야기를 국회와 사회에 전달하기 위해 노력했다. 장애인 차별을 해소하고 장애인 인권을 향상하는 일을 의정활동의 중요한 의제로 삼았다. 왜냐하면 우리 사회 가장 약자 중 약자인 장애인 인권 보장 정도가 바로 우리 사회 민주주의의 지표라 생각하기 때문이다.

장애인들은 오랫동안 우리 사회에서 투명인간 취급을 받아왔다. 누구도 교통수단을 마음대로 이용할 수 없어 외출을 못 하는 상황을 견디지 못하면서 장애인은 그 고통을 감수해야 한다고 말해왔다. 누구나 먹고 싶을 때 먹고, 씻고 싶을 때 씻고, 자고 싶을 때 자는 생활을 당연하다 여기면서 장애인들은 시설에서 집단생활을 하며, 먹고 싶을 때 먹지 못하고, 자고 싶을 때 자지 못한 채 정해진 규칙에 따라야 하는 것을 당연하다 말하는 사회였다. 아직도 그렇다.

노동은 한 인간으로서 자립적 생활을 하기 위한 필수조건이자 자긍심과 보람을 느끼게 하는 일이지만 장애인에게는 노동할 권리가 제대로 보장되고 있지 않다. 서울시는 2024년 '권리 중심 중증 장애인 맞춤형 공공일자리 사업'을 간단히 폐지했다. 장애인에게 그것은 마치 서울시장에게 시장직을 그만두라는 것과 같다는 것을 모르는 사람이 할 수 있는 일이다.

이동권, 탈시설권, 노동권에 비해 교육은 상대적으로 나은 편이지만, 진주교대 장애인 학생 입학 취소에서 드러나듯 교육계 안에서도 여전한 차별이 존재한다. 장애 학생의 특수학교 전공과를 뺀 일반대학·전문대학 진학률은 20%에 그치는 것이 현실이다. 전체 고등학교 졸업생의 대학 진학률이 70%가 넘는 것에 비교하면 장애 학생들이 겪는 교육 차별 역시 아직 갈 길이 멀다.

여전히 특수교육 여건은 부족한 것투성이다. 나는 2021년 국정감사에서 김헌용 장애인 교원노동조합 위원장을 참고인으로 서게 했다. 전국 5,000여 명에 이르는 장애인 교원의 이야기를 교육부 장관과 국회의원들이 듣도록 하기 위함이었다. 혐오와 차별을 하지 말도록 가르치는 곳인 학교가 여전히 차별의 공간임을 확인하는 자리였다.

우리 사회는 아직도 발달장애를 앓고 있는 자녀를 위해 부모가 직장을 포기하고, 일상과 사회적 관계를 포기할 수밖에 없어도, 그것을 사회가 함께 풀어야 하는 문제가 아니라 개인이 감당할 문제로 여기는 사회다. 활동 지원사 지원 시간과 그들의 급여는 아직도 불충분하며, 그나마 지금의 조건조차 당사자인 부모들이 절박하게 외치며 싸워 얻어낸 것이다.

사회의 가장 약한 이들의 삶의 질이 개선되면 그만큼 모든 이들의 삶이 개선되고 향상되는 것이다. 장애인들의 목숨 건 투쟁 덕분에 전철역마다 생긴 엘리베이터는 노인이나 어린이, 짐이 무거운 이들에게도 애용되고 있다. 공공시설마다 설치되고 있는 경사로는 장애인만이 아니라 유아차를 끄는 보호자의 활동 범위를 넓혀주는 것이기도 하다.

4년 동안 나름 장애인 인권 보호를 위해 노력한다고 했지만, 변화는 더디기 그지없었다. 장애는 차이일 뿐 차별의 문제가 아니다. 장애는 선택과 의지의 결과가 아니다. 그리고 누구든 장애로부터 자유롭지도 않다. 장애인들이 평등한 사회 구성원으로 함께 살아갈 수 있도록 정부와 국회가 장애인 기본권 보장에 더 적극적으로 임해야 한다. 그것이 우리 모두의 권리를 확장하는 일이기도 하기 때문이다.

이태원 참사 가족들 곁에 서다

2022년 10월 29일 밤은 온 나라를 혼란과 분노에 휩싸이게 한 시간으로 기록되었다. 축제에 참여한 젊은이들 159명이 수도 서울 한복판에서 길을 걷다가 죽는 일이 벌어진 것이다. 8년 전 세월호가 남긴 슬픔, 분노, 미안함이 가시지 않고 여전한데 또 너무나 비상식적이면서도 처참한 상황에 맞닥뜨리게 되었다.

밤새 유튜브 화면에서 눈을 떼지 못하던 시민들은 사건 윤곽이 드러나자 참담함과 충격에 빠졌다. 그러나 윤석열 정부는 세월호 당시 교훈을 너무나 잘 학습했다. 그들은 박근혜 정권 몰락의 중요한 원인 중 하나가 세월호 참사였음을 너무도 잘 알고 있었다.

사태 파악과 수습에 집중해야 할 시간에 열린 대책 회의에서 그들은 이태원 참사를 국민적 관심으로부터 분리하기 위해 발 빠르게 움직였다. 바로 다음 날 '참사' 대신 '사고', '희생자' 대신 '사망자'라는 용어를 사용할 것, 근조 표시가 보이지 않는 검은색 무지 리본을 달 것, 일주일간 공식 추모 기간을 선포하고 운영할 것을 지침으로 내렸다.

해마다 진행되었던 축제였고, 다중이 일시적으로 몰릴 것이 예견되는 행사였으며, 매해 안전대책이 수립되어 실시되었던 행사였음에도 이를 소홀히 한 지자체와 경찰 대응 문제는 사라지고, 영정도 위패도 없는 추모단 앞에서 정체불명의 이상한 추모를 강제 당하게 되었다. 다른 모든 재난 발생 시 늘 해왔던 피해자들 이름을 밝히는 것은 개인정보를 유출하는 일이며 고인을 욕되게 하는 것으로 몰아갔다.

심지어 용기 있게 고인들의 이름을 밝힌 언론사는 압수수색을 당하는 일까지 겪어야 했다. 도저히 일어날 수도 없고 일어나서도 안 되는 참사를 거론하고 진상규명을 요구하는 일은 마치 불온한 일로 치부되도록 입틀막 당했다. 곧 희생자들에 대한 조롱까지 등장하면서 참사가 국민들로부터 멀어지도록 하는 치밀한 계획들이 진행되고 있었다.

이런 분위기에서 참사 트라우마를 겪은 또 다른 당사자인 부상자들은 감히 자신들의 피해를 이야기조차 할 수 없었다. 구조에 참여했던 소방대원과 경찰, 참사 현장이 되었던 이태원 상가 관계자들 역시 마찬가지였다. 두고두고 마음이 아프고 미안한 일이다.

유가족들은 이중 삼중의 고통 속에 내몰렸다. 어느 날 갑자기 사랑하는 가족을 잃은 아픔에 더해 국민과 여론으로부터 고립되고 단절되어야 하는 고통, 노골적인 조롱과 혐오 대상이 되어 위로 대신 공격을 당하는 상황, 내 자식이 왜, 어떻게 죽었는지 묻지도 못하게 만드는 상황 속에 던져졌다. 너무나 잔인한 일이었다.

일방적으로 선포된 일주일간의 공식 추모 기간에 참사에 대해 문제 제기하는 것은 불경한 일처럼 매도되는 분위기였다. 윤석열 정부 계획은 성공한 셈이다. 이태원 참사 현장을 찾고, 참사 보름 만에 희생자 명단을 공개한 천주교정의구현사제단의 거리 추모 미사에 참여하고, 49재 때 유가족과 시민들이 녹사평역 앞에 설치한 합동 분향소를 방문했다.

그러나 그때 배지를 단 내 임무는 윤석열 정부의 비상식적 대응에 맞서는 것이어야 했다는 생각을 두고두고 떨칠 수가 없었다. 나는 당시 한 명의 시민이 아니라 국민을 대신하고 국민을 대표해야 할 국회의원이었기 때문이다. 윤석열 정부는 세월호 학습으로 너무도 영악하게 대처했는데, 우리는 그러지 못했다.

합동 분향소가 차려진 뒤 나는 심야에 일정이 끝나는 날이 아니면 거의 매일 귀갓길에 분향소를 찾았다. 일정표에는 없는 매일의 내 마지막 일정이었다. 참으로 무기력하고 무능한 국회의원이었다. 국회 국정질의나 국정조사, 민주당 이태원참사대책위원회가 가동되었지만, 필요한 때에 필요한 일을 놓친 대가로 유가족들은 참사 1년 7개월이 되어서야 진상조사특별법을 손에 쥘 수 있었다. 미안하고 안타까운 일이다.

교육위 외
겸임 상임위 활동

운영위원회 활동

나는 4년 임기 중 2년은 동시에 3개 상임위에 소속되어 활동했다. 그리 흔한 경우는 아니다. 교육위를 기본으로 하고 운영위와 예결위를 병행하였다. 보통 각 정당 원내대표단에 속한 의원들이 대통령실과 국가인권위 업무를 다루는 운영위에 참여한다.

2년 중 첫해는 열린민주당 원내대표를 맡았던 김진애 의원이 서울시장 출마를 위해 의원직 사퇴를 한 뒤 내가 원내대표를 승계하면서 자동으로, 두 번째 해에는 열린민주당과 더불어민주당이 통합된 후 민주당 원내부대표 중 하나가 되면서 운영위에 참여하게 되었다. 소수당은 원내대표단 소속 의원 수가 적지만, 민주당과 국힘 같은 거대정당 원내대표단은 보통 10명이 넘는다.

대통령실과 그 부속기관 업무를 다루기 때문에 일반적으로 법사위 다음으로 뜨거운 쟁점이 많이 나올 수밖에 없어 국민 관심의 초점이 되는 상임위가 운영위다. 특히 윤석열 정부 시기에는 대통령실발 사안들이 너무 많고, 특히 대통령 부인 김건희 관련 제기되는 문제를 다루게 되는지라 더욱 그랬다.

운영위에 참여하며 기억에 남는 두 가지. 하나, 2021년 공군 성추행 피해 사건으로 사망한 고 이예람 중사 부모님을 운영위에 참관하시게 한 일이다. 고 이예람 중사 아버님은 사건 진상 규명과 가해자 처벌을 요구하며 특검 수사가 마무리될 때까지 3년 2개월 동안 딸의 장례식을 치르지 않고 장례식장에서 지내시던 분이다.

운영위 성격상 관계자 외 참관은 거의 없었던 관행을 깨고 아버님이 참관해 예정에 없던 발언까지 하시게 되었다. 참관을 주선한 나로서는 운영위 위원장이나 간사를 맡아 주관하는 의원들에게 미안한 일이었으나, 개인적으로는 이예람 중사 사건에 대한 사회적 관심을 높여 해결을 앞당기는 데 조금이라도 도움이 되어 다행스러운 일이었다.

둘, 대통령실과 국가인권위 업무를 다루는 위원회 특성상 가끔 장애인 인권 문제가 쟁점이 되기도 했다. 나는 장애인들이 시설에서 사는 것을 당연하게 받아들이는 관점과 그에 의거한 장애인 정책은 극복해야 할 과제라 생각한다. 유엔도 유엔 장애인권리협약 제19조와 유엔 장애인권리위원회의 '탈시설 가이드라인'을 통해 장애인도 거주지와 누구와 함께 살지 선택할 권리를 보장해야 한다고 선언한 바 있다.

나는 대통령실과 국가인권위를 대상으로 장애인 탈시설 정책 확대를 주문했다. 국힘 운영위에는 한국장애인고용공단 비상임이사 출신으로, 장애인 인권 전문가인 이종성 의원이 포함되어 있었다. 다른 것은 양당 간 대립이 심했지만 적어도 이 문제 만큼은 이종성 의원 한 사람은 동의하고 찬성해줄 것이라 여겼다.

그러나 내 예상을 깨고 이종성 의원이 가장 강력하게 반대했다. 물론 정부 정책의 불충분함으로 인한 장애인 가족의 어려움과 부담 증가 우려, 시설 운영자들의 이해관계 등으로 장애인 탈시설에 대한 이견이 존재한다는 것을 알았지만 장애 당사자의 반대는 의외 반응이었고 놀라웠다. 최소한 동의는 하되 현실적 여건을 감안한 단계적 추진 정도 의견을 낼 것이라 생각했기 때문이다.

모든 여성이 여성의 권리 확대를 옹호하지 않듯이, 모든 장애인이 장애인 권리 확대를 옹호하지 않는 현실을 확인하며 씁쓸함을 지울 수 없었다. 세상은 약자의 정체성을 가지고 있으면서도 자신이 속한 집단의 이해관계를 배신하는 일이 적지 않다는 사실 앞에 고민이 깊어질 수밖에 없었다.

예결위원회 활동

정부 예산과 결산 심의는 국회의 중요한 임무 중 하나다. 국가 공적 업무는 구체적인 정책을 통해 실현되고, 그 정책은 예산이 수반되지 않으면 문서상 계획으로 남을 뿐이기 때문이다. 국민 세금으로 집행되는 정부 정책 집행 결산 역시 공적 영역에 끼어들 비리를 막고, 예산 집행 합리성을 높이기 위해서는 필수적으로 요구되는 일이다.

국회 예결산위원회는 300명 의원 중 매해 50명으로 구성된다. 거대 양당이 다수를 차지하고 소수당에게도 참여권이 일정하게 보장된다. 예결위 위원 50명을 의석수에 비례해 배분하기 때문에 의석수가 많은 거대 당의 경우 재선, 3선 의원임에도 예결위 활동을 경험하지 못하는 의원이 나올 수도 있다. 21대 국회에서 소수당 몫은 의석수 3석인 열린민주당과 6석인 정의당에 각 1명씩 배정되었다.

덕분에 나는 위 2년의 첫해에는 열린민주당 몫으로, 두 번째 해에는 민주당 몫으로 2년 연속 예결위 위원으로 활동하게 되었다. 예결위는 예산 심의와 결산 심의 때마다 구성되어 운영되기 때문에 한시적으로 운영되는 다른 특위와 달리 비교적 활동 기간이 길다. 특별위원회이기 때문에 심의 대상 기관도 특정 부서가 아니라 정부 모든 부서 장관과 정부 직속 위원회 위원장들이 모두 참석하여 답변하게 된다.

교육위, 운영위 위원인 내가 교육부나 대통령실 외 환경부나 노동부 관련 질의를 해당 장관에게 직접 할 수 있는 제도적 조건이 주어지는 셈이다. 그래서 때때로 예결산과 직접 관련되지 않은 현안 쟁점이 집중적으로 다뤄지기도 한다. 국회의원들이 국무총리와 정부기관 전체 책임자를 대상으로 질의할 기회는 본회의 국정질의 말고는 없기 때문이다.

그러나 예결위 심의가 예결산 문제에 직접 집중되지 못하는 것은 이런 이유 때문만은 아니다. 더 근본적인 것은 예결위 위원이 된다고 해도 예산안 결정에 직접적으로 개입하고 영향을 미칠 권한이 약하기 때문이다. 예결위는 다분히 형식적 심의 기구이고 실질적인 예산 내역 조정 권한은 다른 곳에 있기 때문이다.

국회 예결위는 50명 위원 중 15명 위원으로 예결산소위를 구성해 운영한다. 그러나 좀 더 압축되었을 뿐 예산 최종 확정에 가장 결정적 역할을 하는 것은 예결산소위라기보다 국회법에도 없이 관행적으로 운영되고 있는 예결산소소위다. 소위 위의 소위인 셈이다. 보통 예결산위원회 위원장과 양당 간사로 구성하고 때에 따라 양당에서 한두 명씩 더 포함되어 구성하는 것이 소소위다.

그래서 오래전부터 소소위에 속한 극소수 의원들에 의해 사실상 예산안이 결정되는 관행에 대한 비판과 개선 요구가 이어져왔다. 그러나 예산 갈등을 기한 내 조정해야 한다는 명분으로 아직도 이 관행이 바뀌지 않고 있는 것이 현실이다. 소소위와 같은 실세이면서 그림자 예결위 관행이 사라지고 전체 예결위의 심사권이 강화되도록 개선되어야 한다.

나는 내가 속한 모든 상임위나 위원회에서 질의를 일찍 끝내는 것을 어렵게 하는 사람으로 알려져 있었다. 자랑도 아니지만 부끄러워할 일도 아니라고 생각했다. 국회가 상임위 중심으로 운영되고 있으니 상임위를 열심히 하는 것은 기본일 수밖에. 지역구 예산을 확보해야 하는 지역구 의원들은 상임위 밖에서 더 바쁘게 움직였을 것이다.

예결위는 위원이 50명이나 되기 때문에 25명씩 2개 조로 이틀에 걸쳐 나누어 질의를 한다. 25명도 일반 상임위에 비하면 숫자가 많기 때문에 오전에 시작해도 하루 종일 걸리는 경우가 다반사다. 간혹 질의 방식이 바뀌긴 하지만 보통 예결위 질의는 1차에 의원 1명당 20분이었으니 25명이 다 질의를 하면 8시간 이상이 걸린다.

그래서 보통 7분 질의하는 2차 질의로 끝나는 경우가 많다. 그래도 보통 밤 11시 임박해 끝나기 때문에 3차 질의까지 하는 의원들은 별로 없다. 나는 매번 3차 질의까지 신청했다. 그러니 나로 인해 위원회 회의가 12시가 다 되어 끝나거나 넘기게 되는 경우도 많았다. 국회 사무를 담당하는 직원들이나 종일 회의 진행을 하는 위원장에게는 미안한 일이었다.

내가 고지식하고 고집 센 사람으로 은근히 눈총받는 것을 알았지만, 우리는 일을 하러 그 자리에 있는 사람이니 할 일이 있을 땐 할 수밖에 없는 것 아닌가. 그렇다고 1차나 2차에서 질의를 끝낸 의원들이 나태하거나 책임감이 약하다는 뜻은 아니다. 어쩌면 나보다 훨씬 예산안 심의·조정에 유능한 이들이 더 많았을 것이라 짐작할 뿐이다.

덕분에 기후 위기 대응이나 장애인 이동권 문제, 4대강 재자연화 대책, 근로 감독관 증원 문제, 탈세자 추징 문제, 한동훈 장관 자녀 스펙 의혹, 교사정치기본권 보장 등 교육위에서는 다루지 못하는 문제들에 대해 업무 직접 담당 책임자들에게 질의하고 개선책을 요구할 수 있었다. 나로서는 중요한 의정활동 일환일 수밖에 없었다.

특별한
입법 활동

국회의원 4년 임기 동안 발의한 법안들은 모두 꼭 필요하다고 생각해서 만든 법안들이다. 어느 하나 소중하지 않은 것이 없었다. 교육 관련 법은 말할 것도 없고, 노동 관련 법 등이 다 그렇다. 여기서는 나에게는 특별한 의미가 있으나 많은 의원들은 특별한 관심을 보이며 발의하지 않았던 법안 몇 가지를 소개해보고자 한다.

베트남 민간인 학살 진실규명 특별법을 발의하다[24]

국회의원 4년 임기 동안 나의 유일한 국외 활동은 2023년 2월 베트남 민간인 학살 피해 마을인 하미 합동 위령제에 참석한 것이었다. 물론 법 통과도 되지 않은 상태인 데다, 사안 자체가 갖는 민감성으로 인해 국회 공식 의원 외교활동으로 진행되지 못하고 관용 여권 대신 개인 여권을 들고 개인 활동 차원에서 다녀왔다. 그래서 베트남에서 나는 국회의원이면서 국회의원 아닌 애매한 신분이었다.

대한민국은 전 세계에서 미군 외 전투병을 파견한 유일한 나라다. 1964년부터 1973년까지 총 32만 명이 넘는 한국군이 파병되었다. 베트남전 파병에 대한 평가는 우리 사회에서 뜨거운 감자 같은 의제다. 특히 일본 식민지배 피해자들에 대한 사과와 보상을 30년 넘게 요구해오고 있는 우리에게는 아픈 손가락 같은 일이 아닐 수 없다.

구수정 씨와 고경태 기자의 용기와 노력 덕에 1999년 한겨레 탐사보도로 우리 사회에서 베트남전쟁 시기 한국군에 의한 민간인 학살 문제가 처음 수면 위로 올라왔다. 베트남 참전군인들의 거센 항의와 반발에 부딪혔지만, 시민사회에서 '미안해요, 베트남' 캠페인이 일어났고, 2016년에는 비영리 민간 평화단체인 한베평화재단이 공식 출범했다.

---

24) 정식 명칭은 '베트남전쟁 시기 대한민국 군대에 의한 민간인 피해 사건 조사에 관한 특별법안'이다.

2020년 한베평화재단과 민변(민주사회를 위한 변호사 모임), 양심적 시민들의 도움으로 1968년 퐁니·퐁넛 마을에서 일어난 민간인 학살로 가족을 잃고, 자신도 큰 부상을 입었던 응우옌 티탄이 한국 정부를 상대로 국가배상 소송을 제기했다. 2022년 8월, 소송에 참여하기 위해 한국을 방문한 응우옌 티탄이 국회를 방문했다. 나와 윤미향 의원, 양정숙 의원이 국회 간담회를 열고 국회 기자회견도 진행했다.

이 인연으로 2023년 2월에 열리는 하미학살 피해자 합동위령제에 초청받았다. 2023년 2월 7일 드디어 1심 소송 판결이 내려졌다. 피해자들에 대한 대한민국 정부 배상 결정이었다. 반갑고 자랑스러운 판결이었다. 나는 한베평화재단과 베트남 학살 피해자에게 연대 마음을 갖는 시민들과 함께 베트남을 방문해 학살 피해 지역 생존자들을 만났다.

학살 피해 생존자들의 고통은 가족을 잃은 것에서 끝나지 않았다. 발목이 날아가거나 실명된 채 평생을 살아야 하는 이들이 곳곳에 있었다. 집단학살 피해였기 때문에 대부분 마을에는 제삿날이 같은 집들이 많다. 2월 18일은 하미 합동 위령제가 열리는 날이었다. 온 동네 사람들이 모여 함께 제사를 지냈다. 그곳에서 한국에서 온 국회의원 자격으로 미안함과 연대의 마음을 전하는 현지 언론 인터뷰도 진행했다.

돌아오자마자 곧 베트남전쟁 시기 한국군에 의한 민간인 학살 피해 진실규명 법안을 발의했다. 당시 당 대표였던 이재명 대표를 비롯한 의원 24명이 공동발의에 동참해주었다. 소관 상임위인 국방위에 법안이 상정되는 날에는 국방위에 직접 참석해 법안 설명 발언도 하며 법안 통과 협조를 당부했다. 그러나 결국 법안은 국방위 통과도 되지 못한 채 임기 만료로 자동 폐기되었다.

70명 희생자가 나온 퐁니·퐁넛 마을 학살이 법원에서 사실로 확인된 반면, 135명 희생자가 나온 하미 마을 학살 피해자들은 법원이 아니라 진화위[25] 조사를 요청하였음에도 조사가 거부되었다. 피해자들은 진화위를 상대로 한 행정소송을 제기하였으나 1, 2심 모두 패소했다. 퐁니·퐁넛과 달리 객관적 입증자료인 미군 조사 자료가 아직 발견되지 못했고 대한민국 군은 자료 공개를 거부하고 있기 때문이다.

퐁니·퐁넛 소송은 2025년 1월 2심에서 법원이 정부 항소를 기각하며 학살 생존자의 승소 가능성이 높아졌다. 정부가 상고하여 현재는 대법원 심리 중이다. 그러나 사법부와 시민적 연대의 힘으로 대한민국이 평화와 연대의 나라, 양심과 상식이 살아 있는 나라

---

25) 진실·화해를 위한 과거사정리위원회의 약칭. 일제강점기 독립운동 관련사건, 한국전쟁 전후 민간인 희생 사건, 권위주의 통치 시기 중대한 인권침해 사건, 적대 세력에 의한 희생 사건을 조사하는 공식 국가조사기구다.

임이 전 세계에 다시 천명되는 날이 반드시 오리라 믿는다. 22대 국회에서 민형배 의원이 학살 피해뿐 아니라 파병 군인 인권 침해까지 폭넓게 조사하는 법안을 새로이 발의했다. 꼭 통과되기를 바란다.

민주유공자법 통과에 앞장서다

오늘날 우리가 누리는 자유와 민주주의는 군사독재 시대 목숨 걸고 싸워 지켜낸 이들의 값진 희생 덕분이다. 우리 사회는 그분들에게 커다란 빚을 지고 있다. 오늘 우리가 전 세계 민주주의의 모범국가로 평가받고 선망 대상이 되고 있는 것도 그분들의 희생과 헌신이 없었다면 결코 누릴 수 없을 일이다.

그분들은 불법 연행과 체포, 강제 징집에 끌려가 비명횡사하거나 고문 후유증으로 신체적·정신적 건강을 잃어 자립생활이 불가능한 상태로 여생을 보내고 있기도 하다. 그분들 부모와 가족은 졸지에 자식과 형제를 잃는 아픔을 수십 년 견뎌내야 했다.

그런데 많은 사람들이 아직도 전태일, 박종철, 이한열과 같은 민주열사와, 민주화 투쟁의 후과로 생활 능력을 잃고 고통 속에 지내는 분들이 국가로부터 민주유공자로 공식 인정받지 못했다는 사실을 모르고 있다. 80 고령에도 민족민주열사유가족협의회를 이끄시는 장남수 회장님과 강선순 총무님 등 유가족들이 이들을 민주유공자로 인정해줄 것을 요구하며 국회 앞 천막에서 5년 가까이 농성 투쟁을 해왔다는 사실도 잘 모르고 있다.

국가보훈기본법[26]에 의하면, 국가유공자란 국가를 위하여 희생하거나 공헌한 이들을 일컬으며, 일반적으로 크게 독립, 호국, 민주가치수호 범위로 나눈다. 그러나 이 법은 주로 독립운동과 호국 활동 희생자 중심으로 규정되어 있으며, 민주화운동 관련해서는 4·19 유공자들만 포함시키고, 5·18 유공자는 별도 특별법으로 예우하고 있다.

4·19혁명과 5·18 민주화운동 관련자에 속하지 않는 전태일, 박종철, 이한열 같은 분들은 우리 모두 '열사'라고 부르지만 정작 법적 예우도 없이 수십 년째 심정적 존중만 받아왔을 뿐이다. 80, 90 고령의 노인이 된 자식 잃은 부모님들이 눈이 오나 비가 오나 국회 앞에서 일인 시위와 천막 농성에 삭발까지 하시는 것을 상상해보라.

---

[26] 국가보훈기본법 제3조 이 법에서 사용하는 용어의 뜻은 다음과 같다.
  1. "희생·공헌자"란 다음 각 목의 어느 하나에 해당하는 목적을 위하여 특별히 희생하거나 공헌한 사람으로서 국가보훈관계 법령에서 정하는 적용대상 요건에 해당하는 사람을 말한다.
    가. 일제로부터의 조국의 자주독립
    나. 국가의 수호 또는 안전보장
    다. 대한민국 자유민주주의의 발전
    라. 국민의 생명 또는 재산의 보호 등 공무수행

'유월의 어머니'로 불리셨던 이한열 열사의 어머님 배은심 여사는 아들이 민주유공자로 인정받는 것을 보지 못하시고 2022년 1월 돌아가시기 직전까지 민주유공자법 제정 촉구 천막 농성에 참여하셨다. 국민의힘을 필두로 민주유공자법을 반대하는 이들은 586이 다수인 민주당 의원들 스스로를 위한 셀프 입법이라고 비판하지만 이는 명백한 사실 왜곡이다.

민주유공자법이 대상으로 하는 분들은 1980년대와 1990년대 민주화운동 중 사망하거나 부상 당하신 분들로 제한되어 있다. 따라서 민주당 의원들이 혜택받을 일은 없다. 또 지원 대상은 역시 부모님과 직계비속으로 제한된다. 법 대상이 되는 분들은 청년, 대학생 신분으로 투쟁 중 사망하거나 부상 당한 이들이라 자녀가 없는 분들이 대부분이다.

드물게 생존자인 경우에도 고문 후유증 등으로 생활 능력을 잃은 분들이 많다. 지난 수십 년 동안 이분들이 고통받고 고생한 세월을 생각하면, 직계 자녀에 대한 약간의 지원을 하는 것은 늦어도 너무 늦고 불충분해도 너무 불충분한 일이다. 그래도 부모님과 가족들은 지원보다도 공식 유공자 인정으로 명예를 회복하는 것이 중요하다고 여기시기 때문에 지원 범위를 문제 삼지 않으셨다.

나는 민주유공자법 제정이 21대 국회의 임무라고 생각했다. 그래서 법 제정을 위한 자리에 참석하거나 관련 활동을 지원하는 일에 적극 나섰다. 천막 앞 시민문화제 참석이나 민주유공자법 제정 촉구 1만인 서명 언론 광고 참여를 제안해 국회의원 100여 명이 동참하기도 하였다.

민주유공자법은 21대 국회 마지막 본회의에서 통과되었다. 민주화운동 희생자 가족들이 그 오랜 세월 겪은 고통이 끝날 수 있을 것이라 생각했다. 그러나 윤석열 정부는 법 통과 바로 다음 날 거부권을 행사함으로써 반민주적 정부임을 스스로 선언했다.

22대 국회로 넘어온 민주유공자법은 2025년 9월 25일 패스트트랙[27]으로 지정되었다. 긴 터널의 끝이 보인다. 이미 너무 많은 부모님들께서 세상을 떠나셨다. 너무 연로하셔서 사실 날이 얼마 남지 않은 부모님들 생전에 자식 명예가 회복되는 것을 보시고 맘 편하게 돌아가실 수 있게 되길 간절히 바란다. 그래야 우리 사회가 진 빚의 무게가 조금 가벼워질 수 있다.

국정원 개혁 법안을 대표발의하다

2016년 춥지만 뜨거운 촛불혁명의 겨울 끝에 새 정부가 탄생했

---

[27] 국회법 제85조의2(안건의 신속처리)에 근거하여, 법안을 둘러싼 정당 간 갈등으로 심의가 너무 늦어질 때 사용되는 절차상 제도. 본회의에서 신속처리안건으로 지정되면 해당 안건들은 해당 상임위에서 180일, 법사위에서 90일, 본회의 회부 후 60일의 숙의를 거치면 본회의에 자동 상정되어 표결에 부쳐진다. 최장 330일 기간이 지나면 통과될 가능성이 높다.

다. 사회 곳곳에서 오래 묵은 찌꺼기를 씻어내고 새로운 사회로 나아가야 한다는 사회 대개혁 요구가 봇물처럼 터져 나왔다. 2017년 10월 곽노현 전 서울시 교육감이 앞장서 박정희 군사독재 이래 정권 유지 수단이었던 국정원 개혁 운동이 시작되었다. 일명 '열어라 국정원, 내놔라 내 파일' 운동이 그것이었다.

당시 연일 국정원과 군 사이버사의 국민 사찰 기사가 쏟아지고 있었다. 정권에 비판적이면 진영 불문하고 불법 사찰과 심리전 대상이 되었다. 문재인, 조국 등 야권 인사는 물론 홍준표, 정두언, 이상돈 같은 여권 인사, 이효리, 김제동, 김미화 등 방송인과 연예인, 스포츠 스타도 사찰에 예외가 아니었다. 박근혜 대통령이 후보 당시 '해충'에 비유하며 저주를 퍼부었던 전교조는 말할 것도 없었다.

사찰만이 문제가 아니었다. 국가보안법이 살아 있는 분단국가 정보기관인 국정원은 그 밀행성을 무기 삼아 온갖 정치적 조작과 비리 온상이 되어 왔다. 2012년 대선 때 이명박 정부 국정원 댓글 사건, 박근혜 정부 때 국정원 특활비 대통령 상납 사건 등은 빙산의 일각이었다. 유물이 되었어야 할 박정희 중앙정보부의 그림자는 여전히 그 흔적을 씻어내지 못하고 있었다.

문재인 정부 새 국정원장은 관행적으로 수집해온 무차별적 국내 정보 수집 활동을 취임 직후 전면 중단시켰다. 또 국정원개혁

발전위원회를 만들어 국정원 개혁에 본격 돌입하겠다고 발표했다. 국정원이 각종 불법과 편법을 동원해 정치에 개입하는 것을 막아 정권 안보가 아니라 국가안보기관으로 거듭나기 위해서는 과거 적폐를 근본적으로 청산하지 않으면 안 되었다.

가장 대표적인 적폐 청산은 전 국민을 대상으로 이루어졌던 불법적 사찰 진상을 밝히는 것에서부터 시작되어야 한다. 이를 그대로 두면 또 어느 정권하에서 이 불법 정보들이 악용될지 알 수 없기 때문이다. 그런데 개혁위는 국정원 적폐 청산 TF 과제에 민간인 사찰 조사가 포함되어 있었음에도 불구하고 선제적이고 근본적인 사찰 근절로까지 나아가지 못했다.

국정원 개혁은 일회성 문책·처벌과 부분적 제도 개선에 그칠 뿐이었다. 이런 역사적 경험이 반복될 것을 우려한 시민들이 나서 전개한 운동이 일명 '내놔라, 내 파일' 운동이었다. 시민들이 국정원에 사찰 정보 공개 요청에 직접 나섰다. 국정원 개혁 토론회, 사찰 정보 공개 요청 기자회견과 집회가 이어졌다.

그러나 '개혁'과 '청산'을 내걸고도 국정원은 사찰 정보 공개를 거부했다. 결국 정보 공개 거부 취소 소송을 통해서야 시민들은 자신에 대한 국정원 불법 사찰 자료를 받아볼 수 있게 되었다.[28] 그

---

28) '내놔라 내 파일(국정원 불법 사찰 피해자들의 정보 공개 운동)' 당사자들의 정보 공개 청구로 공

나마 사찰 사실 여부조차 알 수 없는 당사자에게 문건 명을 특정해서 요청하라는 국정원 측의 상식 밖 조건에서 얻어진 결과였다.

2020년 11월 12일 곽노현 전 교육감 등이 제기한 소송의 대법원 판결로 문건 63건이 공개되었다. 공개된 문건 중 이명박 정부 국정원이 작성한 '종북좌파 연계 불순 활동 혐의자 목록'이라는 문건도 있었다. 극히 일부만 공개된 것이었음에도 공개된 문건들을 통해 대공 관련 범죄 혐의가 없는 민간인에 대한 국정원 불법 사찰 행위 일부가 드러났다. 경악할 일이었다.

문재인 정부 국정원 개혁은 통일 직후 과거청산 차원에서 '누구든 알 권리가 있다'고 선언하고, 당사자 신청을 받아 열람을 허용했던 독일의 슈타지 불법 사찰 자료 처리과정과 비교되었다. 국정원은 별도 정보 공개 요청이 없더라도 정보 주체 당사자들에게 사찰 문건 존재를 알리고 이를 투명하게 공개했어야 했다.

개된 문건에는 이명박 정부에 비판적인 명진 스님과 우희종 교수 등이 적혀 있으며 주요 명단 28번, 추가 명단 10번까지 순번이 매겨져 있어 최소 38명이 사찰 대상이었던 것을 추정할 수 있다. 문건은 이명박 정부 원세훈 국정원 시절 만들어진 특명팀 내부 문건으로, 특명팀은 산업 스파이 등을 잡는 방첩 우수 요원들을 투입해 스마트폰 해킹 같은 첨단 기법으로 민간인들을 사찰했다고 한다. (…) 참여정부에서 대통령 직속 국가균형발전위원회 전문위원을 지낸 조명래 전 환경부 장관은 이명박 정부 시기 '4대강과 세종시 사업 반대 등 반정부 활동'을 했다며 특명팀 리스트에 올라가 있으며 '노무현 전 대통령의 딸 노정연 등 가족과 측근 비리를 확인'한다는 이유로 故 박연차 전 태광실업 대표도 사찰했던 것으로 드러났다. 노 전 대통령의 측근인 정상문 전 총무비서관 역시 '노 전 대통령 가족 등 참여정부 비리 및 비도덕적 행위 추적' 명목으로 사찰 대상이 되었다. 이명박 정부 시기 국정원이 정부에 비판적이었던 인사들을 사찰한 데 이어 이전 정부 관련 인사들을 공격할 목적으로 국정원이 운영되었음이 드러났다. (민변 국정원감시네트워크 성명서 일부, 2021. 4. 29.)

2020년 12월 국정원법이 개정되어 대공 수사권이 경찰로 이관되고, 국정원 직무 범위에서 '국내 정보'를 삭제하여 국내 정치에 개입할 여지를 차단하고 해외 및 대북 정보 활동에 집중하도록 국정원 역할이 재편되었다. 박정희의 중앙정보부, 전두환의 안기부에 비하면 상당한 개선이 이루어진 셈이다.

그러나 국정원 불법 사찰·공작 전모가 제대로 밝혀지지 않았으며 관련자 징계와 처벌은 미흡했다. 당연히 관련 정보는 여전히 국정원에 보관되어 있고, 피해자들에 대한 사과도 구제도 이루어지지 않고 있다. 이것이 2022년 9월 국정원 흑역사를 청산하고 재발 방지 제도 마련을 위한 '국가정보원의 사찰 등 진실 규명 및 정보 공개 등에 관한 특별법안'을 발의하게 된 이유다.

이 법안은 대통령 산하에 국정원불법사찰·공작진실규명위원회를 설치하여 불법 사찰·공작 사건의 진실을 밝히고, 정보 주체에게 정보를 공개하며, 관련 정보를 사용 금지·폐기·이관하도록 하는 것을 핵심 내용으로 하고 있다. 검찰 개혁과 사법 개혁, 언론 개혁 만큼 국정원 개혁 역시 우리 사회 민주주의를 강화하기 위한 필수 과제다.

21대 국회 국정원법 개정은 국정원 개혁의 겨우 한 걸음을 떼었을 뿐이다. 12·3 내란 때 국정원을 내란 주요 수단으로 움직이려 했던 사실이 드러났다. 홍장원 차장의 상식적 판단과 용기가 없었다면 국정원 흑역사에 또 하나의 오명이 씌워질 수 있었다.

정치검찰 폐해를 혹독하게 경험하고도 검찰 개혁에 대한 저항을 막아내며 개혁을 이루는 일이 얼마나 어려운지 생생하게 목도하고 있다. 그러니 장막 뒤 존재였던 국정원 개혁 역시 만만치 않은 과정이 될 것이다. 그럼에도 사정기관이 권력자에 따라 민주주의 파괴 도구로 사용될 수 없도록 하는 일을 멈출 수는 없다. 칼이 요리도구로 쓰이지만 흉기가 될 수도 있다는 교훈을 잊지 말아야 한다.

86일 의원 농성
교장 선생님이 되다

 국민 삶을 책임지겠다고 대통령 선거에 나온 사람이 "없는 사람은 부정 식품이라도 먹어야 된다"고 말했다. 그런데 그가 대통령이 되었다. 윤석열 정부 3년은 내내 상식이 무너진 세상을 견디는 시간이었다. 그러나 대통령 임기 중에만 그런 것은 아니었다. 공적 영역에서는 보기 드문 새로운 유형의 인간에 적응해야만 견딜 수 있는 시간이었다.
 선거 이전부터 검찰권을 이용한 윤석열 대통령 만들기 프로젝트가 가동되었다. 그 대표적인 것이 잠재적 대선 경쟁자인 이재명 경기도 지사를 대장동 비리로 엮어 넣은 것이었다. 국힘은 대장동 특검 주장으로 호응했다. 애초에 그들 프로젝트는 무리수와 억지로 꽉 차 있었다. 아니나 다를까 이재명을 겨냥한 대장동 수사에서 소위 50억 클럽이 드러나 국힘 의원이 의원직을 내려놔야 했다.

대통령 임기 시작 1년도 안 되어 제2의 세월호 참사라 할 만한 이태원 참사가 발생했다. 그러나 아무도 책임지지 않았다. 법적 책임은 차치하고 정치적 책임을 지는 사람이 단 한 명도 없었다. 오히려 대통령은 재난안전 총책임자였던 행안부 장관의 어깨를 두드리며 비호하기까지 했다.

윤석열 대통령만 문제인 것은 아니었다. 당선 전부터 실질적 권력 실세라는 설이 돌았던 대통령의 처 김건희를 둘러싼 온갖 비리 의혹들이 제기되며 부부는 항상 세트로 거론되었다. 뉴스타파 등을 통해 김건희 도이치모터스 주가조작 의혹을 입증하는 증거들이 속속 드러났다.

국민 분노는 하늘을 찔렀다. 임기 1년도 채 되지 않았는데 선거에서 그를 지지했던 이들 중에서도 등을 돌리는 사람들이 늘어났다. 2023년 1월 말 대통령 지지율은 30%대에 머물렀다.[29] 이대로 가서는 안 된다고 생각하는 의원들이 많았다. 긴급하게 몇몇 의원들이 상의해 국회 의원 농성 결의를 했다.

---

[29] 2023년 1월 4주 차, 리얼미터 조사, 윤대통령 국정수행 긍정평가 37.0%, 부정평가 60.3%. 한국갤럽 조사, 긍정평가 36%, 부정평가 55%.

민주당 의원 소통방에 '행안부 장관 이상민 탄핵, 50억 클럽 특검, 김건희 도이치모터스 주가조작 특검'을 내건 국회농성을 제안하고 동참을 당부했다. 처음 동참 의사를 밝힌 의원들이 20명 정도 되었다. 급히 소통방을 만들고 2월 1일 국회 예결위 회의장에 모여 상황을 공유하고, 향후 대응책을 찾는 회의를 했다. 회의는 회의실 밖 로텐더 홀에서 밤새 이어졌다.

농성 일주일 만에 이상민 장관 탄핵소추안이 본회의에서 의결되었다. 그리고 농성 참가 의사를 밝힌 의원들은 점점 늘어나 나중에는 100명이 넘는 의원들이 함께했다. 2월 8일 이상민 탄핵소추 의결 후 나머지 두 가지 과제를 위해 장기 농성에 돌입하기로 했다. 국회 본회의장 로텐더 홀에서 시작해 본회의장 밖에 천막을 설치한 뒤 이어진 농성은 86일간 계속되었다. 나는 본의 아니게 이 농성 의원단의 교장 선생님으로 불리게 되었다.

참가 의원들이 늘어나고 장기 농성을 작정한 터라 원활한 농성 진행을 위한 실무적 일을 누군가 맡아야 했다. 농성장이 비지 않도록 하며, 밤에도 농성장을 지킨다는 원칙으로 나는 농성 당번 짜기, 피켓 등 농성 물품 제작·관리하기 등을 매일 일정 중 하나로 삼았다. 주말이면 지역구 활동을 해야 했던 지방 의원들이 많아 야간 당번이 비게 되면 가끔 대타를 뛰는 일도 내 일 중 하나였다.

많은 의원들이 나의 지침 아닌 지침을 기꺼이 따라 수고해주었다. 든든한 동지애와 고마움을 느끼게 해주는 일이었다. 80일 넘는 농성이라 여러 차례 수고해 준 의원들이 적지 않았다. 그중 가장 연장자이면서도 가장 많이 참여해 주신 분이 22대 전반기 국회부의장 이학영 의원이시다. 존경과 감사의 마음을 가지지 않을 수 없었다.

2023년 4월 27일 국회 본회의에서 50억 클럽 특검과 김건희 특검 신속안건 지정 동의안(패스트트랙)이 국힘 의원 퇴장 속에 통과되었다. 긴 농성이 보람된 일이었음을 확인하는 순간이었다. 86일이나 되는 농성에서 의원실 보좌진들이 교장 선생님이 된 의원 덕에 온갖 힘든 일을 묵묵히 함께해 주었다. 의원 잘못 만난 탓이니 어쩔 수가 없는 일이라 할밖에. 아무튼 고생해준 9명 우리 방 식구들이 참으로 고마웠다.

긴 농성 기간 중 민주당 지지자들이 많이 격려 방문해주어 고마웠다. 특히 하루 종일 근무하고 퇴근 후 농성장을 찾아와주었던 청년 지지자들에게는 더욱 그렇다. 유튜브 방송 카메라도 종종 농성장을 찾아와 농성을 알리는 데 도움이 되었다. 다만 긴 기간 100여 명이 넘는 국회의원이 참여한 농성임에 비해 일반 언론들이 많이 다뤄주지 않은 점은 아쉬웠다.

말도 많고 탈도 많던 김건희 특검은 2024년 1월 본회의를 통과했으나 대통령 거부권 행사로 무산되었다. 22대 국회에서 2024년

10월, 11월 두 번이나 통과된 특검도 또다시 거부권 앞에서 멈춰섰다. 결국 12·3 내란 이후 대통령도, 직무대행도 거부권을 행사할 수 없는 상설 특검으로 네 번째에 가서야 김건희 특검은 수사에 착수할 수 있었다.

50억 클럽 특검은 내란 사태로 정국이 복잡해지는 틈에 21대 국회 임기 만료 후 내란 수습에 묻혀 수면 아래로 잠겼다. 고구마 줄기처럼 계속 이어져 나오는 참으로 다양한 김건희 범죄 의혹은 특검 기간과 인력 보강을 하지 않을 수 없게 하는 원인이 되었다. 비록 21대 국회에서 이루어지지 못해 아쉬움이 크지만 반드시 그 죄상이 밝혀져 합당한 법적 책임을 물어야 한다.

비공식 의원 모임 '처럼회' 활동

21대 국회는 박근혜 탄핵 이후 국회 구성상 문제로 미뤄졌던 '지체된 개혁'을 실천할 임무를 부여받은 국회였다. 국민은 총선을 통해 그 임무 수행에 필요한 힘을 실어주고자 압도적 민주당 과반 의석을 만들어주었다. 그러나 안타깝게도 민주당은 국민이 부여한 임무 수행에 필요한 조건과 역량을 갖추고 있지 못했다.

21대 국회 4년 내내 매번 민주당 의총은 격론의 장이었다. 개혁의 범위와 속도에 대한 이견이 첨예하게 부딪치고, 20대 대선을 계기로 내부 분열은 강화되었다. 급기야 자당 대표 체포동의안에 찬성해 당 대표를 구속적부심 법정에 세우는 사태까지 초래되었다. 개혁에 저항하는 기득권 세력을 이겨내는 데 써야 할 에너지가 일

차로 당 내부에서 소진되는 상황이었다.

정당이라고 해서 단일한 의견과 방침만 존재해야 한다는 것을 말하는 게 아니다. 정당 안에 민주주의가 살아 있어야 그 정당이 움직이는 국회와 사회가 민주적이 될 수 있다는 점에서 정당 민주주의는 중요하다. 당 내부에서 다양한 의견이 제시되고 그 과정을 통해 더 풍부하고 완성도 높은 정책이 나오게 하는 당 문화는 반드시 필요한 일이다.

그러나 여기에는 전제가 있다. 특히 이념과 정치 노선을 공유하는 이들이 모인 정당과 같은 조직에는 더욱 강조되어야 할 전제다. 같은 목표, 같은 비전을 가져야 한다는 것이다. 다양한 의견의 존중은 이 목표와 비전에 도달하는 방법의 차이여야 한다. 만일 방법과 프로세스에 대한 차이를 넘어 도달하는 지점, 즉 목표마저 달리한다면 그것은 다른 당을 만들어 해결할 문제다.

실제 민주당 내 이견 그룹들의 구도는 결국 탈당과 재창당 양상으로 귀결되었다. 또 하나의 전제가 있다. 정당이란 국민 삶을 개선하고, 더 평등하고 더 평화로운 세상을 지향하고, 시대적 과제 해결을 위한 도구로 쓸 권력을 달라고 유권자에게 호소하고 지지를 받기 위해 활동하는 특수한 조직이다.

정치인 개개의 공명심과 명예욕 실현도 정치활동의 주요 동력이 되지만, 이런 사적 욕망이 공공의 이익을 확장해야 한다는 공적 욕망과 조화를 이루지 못하고 압도할 때, 그리고 이 욕망의 부조화 상태가 정당 내 일부 소수가 아니라 일정한 영향력을 형성할 만큼 다수가 되었을 때 정당 내 민주주의가 구현되기 어렵다는 점이다.

정당 내에는 다양한 이견이 있고 때론 그것이 당내 분파 혹은 정파가 되기도 한다. 이런 현상은 그 자체로 문제가 되는 것은 아니다. 문제는 특정 정파의 이해관계가 정당이 추구하는 가치와 목적보다 우선하게 될 때다. 단체나 일반 조직과 달리 정당활동은 알파에서 오메가까지 모든 것이 정치적 성격을 띠며 사회와 국가에 큰 영향을 미칠 수밖에 없는 무거운 일이다.

따라서 정당 내 이 두 전제를 파괴하지 않고 정당 민주주의가 유지될 수 있으려면 이를 의식하고, 내부 경계를 하는 일이 언제나 필요하다. 그 첫째는 정당 조직을 이끄는 리더의 역할이며, 두 번째는 정당 내 끊임없이 당의 가치와 비전으로부터 벗어나려는 편향이나 궤도 이탈을 감지하고 경고음을 내는 이들이 존재해야 한다. 그래야 당의 건강성이 지켜질 수 있다.

나는 21대 국회 민주당 내 '처럼회'가 그런 역할을 한다고 생각했다. 정당 내에는 공식적인 의원 연구 모임도 있고, 원내 대표단이나 최고 위원회 같이 당직을 맡아 함께 활동하면서 형성된 의원 모임이나 특정 목적을 위해 한시적으로 활동하는 각종 위원회도 있고, 흔히 계파라 칭하는 비공식적인 의원 모임도 있다.

그러나 대부분 직접적인 활동이나 과업 중심 모임이다. 처럼회는 계파도 아니고 과업 중심 모임도 아닌 일종의 자발적 의원 동아리라 할 수 있다. 처음 열린민주당에서 의정활동을 시작한 나는 구성상 절대다수가 민주당 의원인 처럼회와 무관했다. 그러나 양당 합당 후 민주당 의원이 된 나는 처럼회에 자연스럽게 합류했다.

언론이나 외부에서는 처럼회를 민주당 강경파 의원 모임이며 당내 일정한 비중을 차지하는 의견 그룹으로 규정했지만, 실은 100% 초선 의원들로 구성된 의원 모임이 그런 역할을 하기는 쉽지 않다. 의정 경험이나 정보 취득 면에서나 여러모로 초보들인 의원들이 경험과 정보를 공유하고 서로 돕기 위한 모임 성격이 강했다.

정당활동과 의정활동을 공유하는 이들의 모임이라 자연스럽게 당 안팎 현안 이야기들이 나올 수밖에 없고, 이 과정에서 당의 가치와 지향, 당에 요구되는 시대적 과제에 부합하는 답들을 찾기 위해 노력했다. 처럼회의 그런 노력은 21대 국회에 부여된 '지체된 개혁'에 대한 고민과 떼려야 뗄 수 없는 일이었다.

나는 어떤 조직에서든 처럼회와 같은 작은 의견그룹이 필요하다고 생각한다. 특히 170여 명이나 되는 거대한 조직에서는 더욱 그렇다. 그 조직이 특정한 누군가에 의존하는 계파가 되어 모임의 이해관계를 앞세우지 않는 조직이라면 이런 모임은 많을수록 좋다고 생각한다. 작은 단위의 집단지성을 형성하고, 공동 실천을 할 동력을 형성할 수 있게 해 정당에 활력을 불어넣는 역할을 하기 때문이다.

정당은 권력과 가장 가까이 있는 조직이다. 그래서 정당활동 이력이 쌓일수록 사회개혁 수단으로서 권력과 정치인 자신의 권력 경계가 모호해지기 쉽다. 4년 동안 국회의원으로 활동하면서 이 경계를 늘 의식하며 비교적 균형적으로 의정활동을 했던 선배 의원들을 보았다. 그리고 나는 적어도 처럼회 활동을 했던 동료 의원들도 이 경계를 지키려 애쓴 이들이라는 믿음이 있다.

내가 이재명 대통령이 했던 말 중 가장 공감하고 좋아하는 말이 있다. "나는 권력이 필요한 것이 아니라 일을 할 권한이 필요하다"는 말이다. 일반적인 계파와 전혀 다른 성격을 갖는, 비교적 순수한 의미의 의원 모임이었던 처럼회 활동을 했던 의원들이 향후 어떻게 정치활동을 펼쳐나갈지는 알 수 없는 일이다.

정치의 세계에는 무수히 많은 유혹과 정치 공학적 논리가 난무한다. 처럼회 활동을 같이했던 이들, 특히 재선 의원이 되어 22대 국회에서도 의정활동을 이어나가고 앞으로도 계속 선수가 쌓일 이들이 이 많은 장애물들을 잘 헤쳐나가 사회와 시대의 요구에 응답하는 정치인으로 자리 잡기를 바란다. 그래야 우리 정치가 더 건강하고 유능해질 수 있다.

위성정당
선대총괄본부장이 되다

내가 출마하여 당선된 열린민주당은 21대 총선부터 적용된 준연동형 비례제라는 선거제도 개혁으로 창당이 가능해진 정당이다. 새로운 선거제도로 지역구 후보를 공천하지 않고 비례대표 후보만을 공천해도, 정당투표 지지율에 따라 비례 의석을 획득해 국회 진입이 가능해졌다. 이에 열린민주당은 총선 직전 급하게 창당되었다. 22대 총선 시 조국혁신당도 비슷한 사례다.

21대 총선을 앞두고 준 연동형 비례제로 선거제도가 바뀌면서, 자유한국당(현 국민의힘)은 이 제도로 인한 불리함을 최소화하기 위해 위성정당 창당을 기정사실화하고 2020년 2월 미래한국당을 창당했다. 이에 민주당도 더불어시민당이라는 위성정당을 창당하는 것으로 맞대응했다. 이런 상황은 위성정당에 대한 사회적 논란이 뜨거워지게 만들었다.

이전부터 오마이뉴스나 프레시안에 기사나 칼럼을 간혹 쓰던 나 역시 위성정당 비판칼럼을 실었다. 처음 열린민주당 출마 권유를 받았을 때 쉽게 수락하기 어려웠던 가장 큰 이유였다. 더불어시민당이 총선 직후 해산하고 민주당과 합당한 반면, 열린민주당은 1년 8개월간 독립적으로 의정활동을 했다는 점에서 두 당간 창당 과정과 배경에 다소 차이는 있었다.

22대 총선을 앞두고 당내에서 선거제 관련 가장 논란이 되었던 것도 실은 위성정당 창당 부담을 둘러싸고 일어난 셈이다. 현 선거제가 비록 '준' 연동형 비례제이지만 국힘이 위성정당을 만들지 않는다면 민주당이 이런 부담을 안고 맞대응할 필요는 없는 일이다. 그러나 이번에도 국힘은 일찌감치 위성정당 창당을 공언했으니 4년 전 논란이 또다시 재연되었다.

국회에는 이미 나를 포함하여 민주당 의원들 여럿이 발의한 위성정당 금지 법안이 발의되어 있었다. 민주당 의원들이 국힘의 위성정당 창당을 원천적으로 막고, 민주당도 반칙에 대한 부담에서 벗어날 수 있는 방안을 나름 진지하게 고민한 결과다. 그러나 당내 고민이나 논란과 달리 선거제를 둘러싼 논쟁에서 위성정당 문제는 21대 총선 때에 비해 다소 중심에서 밀려나 있었다.

21대 총선을 앞둔 2020년과는 양상이 다소 달라진 셈이다. 병립형 선거제로 되돌아갈 것이냐 말 것이냐가 핵심 쟁점이 되었기 때문이다. 국힘은 초지일관 병립형 선거제를 주장해왔기 때문에, 이 문제는 사실상 민주당에게 결정권이 달린 셈이었다. 국힘의 태도로 현행 선거법을 결정할 경우 21대 총선 직전과 동일한 상황을 맞게 되었다.

선거제 논의는 장기화되고, 선거를 불과 2개월여 앞둔 시점에 이재명 당 대표의 "과거로의 회귀가 아닌 준 연동형 안에서 승리의 길을 찾겠다"는 기자회견으로 현행 선거제 유지 결정이 전격적으로 내려졌다. 불행 중 다행이었지만 당내에서 위성정당 금지 문제는 당내 큰 쟁점으로 부상되지 못한 채 선거를 맞게 되었다. 당연히 위성정당 금지 법안들은 통과되지 못했.

나와 이탄희 의원, 이학영 의원, 김두관 의원, 민형배 의원 등 76명 의원 명의로 위성정당 방지법 촉구 기자회견을 했지만 한 석이라도 더 얻어야 한다는 선거 속성에 근거한 현실론을 막기에는 역부족이었다. 금지 법안 없이 준 연동형 비례제를 유지하면서 국힘의 위성정당 창당을 막을 길은 없었기 때문이다.

원칙적인 연동형 비례제를 주장해왔던 기본소득당이나 진보당, 사민당 등 소수당은 말할 것도 없고 시민사회 진영조차 현실론을 받아들이고 시민사회 후보 공천으로 정당 및 시민사회 연합형 위성정당 창당에 참여했다. 민주당 의석 최대화 논리는 범민주진영 의석 최대화 논리로 확장된 셈이다. 위성정당 금지법이 없는 한 이런 현상은 계속 반복될 가능성이 높다.

문제는 그다음이었다. 병립형으로 회귀하는 것을 강력하게 반대해왔던 나는 한편에서는 현행 준 연동형 비례제 유지 결정이 다행스러운 일이면서도 곤혹스러운 일이었다. 왜냐하면 민주당 내 누군가 나서서 또 위성정당 작업을 할 수밖에 없었기 때문이다. 누구에게도 흔쾌한 일이 아니라 선뜻 위성정당 창당을 위한 탈당에 나서는 것은 쉬운 일이 아니다.

대부분 출마를 하지 않기로 한 의원들이 당을 위해 역할을 한다는 차원에서 탈당을 하고 새롭게 만들 위성정당에 이름을 올린다. 적어도 민주당 의원들 내에서는 위성정당 자체가 반칙이라는 생각들은 있었기 때문에 불출마를 밝힌 의원이나 공천을 받지 못한 의원들이라도 고민이 깊었다. 나 역시 마찬가지였다.

더구나 나는 21대 총선 직전은 말할 것도 없고, 22대 총선을 앞둔 선거제 논의에서도 위성정당 금지법을 강력히 주장했던 당사자였기 때문에 더 고민이 깊을 수밖에 없었다. 원칙과 명분을 지키는 일의 중요성은 굳이 정치인이 아니라도 중요한 일이다. 나는 내 주장의 일관성을 지킬 것인가, 내 주장의 결과 직면하게 된 현실적 부담을 나누어질 것인가 하는 문제에 맞닥뜨리게 되었다.

병립형 선거제로 돌아가지 않고 준 연동형 비례제 유지로 결정된 과정의 지난함을 알고 있는 입장에서, 내가 강력하게 주장했던 연동형 비례제를 채택함으로써 직면하게 된 상황에는 손 놓고 있는 것이 나로서는 명분을 훼손하는 것만큼이나 불편한 일이었다. 내가 아니라도 당시 상황에서는 의원 중 누구라도 위성정당 일을 감당할 수밖에 없는 상황이었기 때문이다.

그리고 그 일이 기꺼운 일이 아니라는 것을 알기에 병립형 선거제 회귀를 반대했던 사람으로서 일종의 그 부산물을 나누어지는 것이 필요하다는 결론에 도달했다. 위성정당으로 이적하는 의원 제명을 위한 의총에서 나는 마이크를 잡았다. '제명을 받아들이는 결정이 결코 쉽지 않았다. 다시는 이런 부끄럽고 곤혹스러운 상황을 만들지 않도록 해야 한다'고.

고민은 깊었지만 결정은 내려졌다. 그 순간부터 나는 최선을 다해 새로 만들어진 더불어민주연합의 성공을 위해 뛰었다. 당 사무총장과 총괄선대본부장을 맡았다. 나의 임무는 이제 더불어민주연합 후보들이 한 사람이라도 더 당선될 수 있도록 하는 것이었다. 그것이 국힘 의석을 최소화하는 길이었다. 선거 결과 26.69% 득표에 모두 14명 의원이 당선되었다.

사실상 민주당 비례후보 8명, 진보당 2명, 시민사회 후보 2명, 기본소득당 1명, 사회민주당 1명이 당선된 셈이었다. 비록 21대 국회에 이어 22대 국회에서도 민주당은 물론 범민주진영의 압도적 다수 의석이라는 결과를 얻었지만, 연거푸 두 차례나 위성정당이라는 선거 전술이 반복되었다. 위성정당 전술을 공공연히 먼저 택한 국힘이 원인 제공자이지만 이를 피할 수 있는 방법이 없는 것은 아니다.

21대에서 제출되었던 위성정당 금지법을 통과시켜 유권자에게는 말할 것도 없고, 정당과 정치권 스스로에게도 부끄럽지 않은 떳떳한 선거가 되도록 해야 한다. 아울러 나처럼 '위성정당을 반대한 사람이 위성정당 선대본부장이 되는' 자기모순적 결정에 내몰리는 국회의원들이 더 이상 나오지 않게 해야 한다.

또 한 가지 더 짚고 넘어가야 할 것이 있다. 정당이란, 같은 정치적 이념과 비전을 공유하는 이들의 정치결사체다. 그러나 불과 선거 한두 달을 앞두고 정당들이 번갯불에 콩 볶아 먹듯 창당되는 현실에서는 정당이 이런 결사체로서의 정체성을 제대로 갖기 어렵고 국회 안 다원성 구현은 형식화된다.

늘 국회의 선거법 논의는 총선 직전 임기 막바지에 이루어진다. 이는 선거에 임박한 시점에 맞춰 최대한 각 당에 유리한 선거제도를 관철시키려는 거대 양당 의도가 작동한 결과이기도 하다. 이 점에서 국회가 당사자성을 비켜나가 이해충돌 소지가 없도록 차기가 아니라 차차기 총선에 적용될 선거제를 논의해 결정해야 한다.

그래야 각 당이 자기 당 이익이 아니라 객관적 입장에서 우리 정치 발전을 위한 가장 합리적인 선거제도를 만들어낼 수 있을 것이다. 또 충분한 사회적 합의에 기초한 선거제도를 마련하기 위해서는 국회 내 논의와 별개로 선거제 공론화 위원회 혹은 선거제 획정을 위한 시민 의회를 운영해 이를 반영하는 것도 적극 검토해야 한다.

23대 총선에서는 나와 같이 위성정당 반대자이면서도 위성정당 실무를 보는 일로 부끄럽고 곤혹스러운 상황을 누구도 겪어서는 안 된다. 의원 개인의 고통만이 아니라 정치권과 국회에 대한 불신과 냉소의 씨앗을 아예 제거해야 한다. 명분과 실천이 일치될 수 있도록 22대 국회가 입법 대책을 강구하기를 간절히 바란다.

강민정을 말하다

　교육은 인간의 삶을 바꾸고, 정치는 우리의 일상을 바꿉니다. 교사 출신 강민정 의원님은 교육을 통해 세상을 바꾸는 정치인이었습니다. 교실에서 마주한 현실을 국회로 옮겨, 교육현장의 목소리를 법과 정책으로 담아내는 모습을 가까이서 지켜봤습니다. 교육의 공공성을 회복하기 위해 싸웠고, 교사의 정치 참여를 제도화하려 했으며, 학교폭력의 구조적 문제를 드러내며 '학교 민주주의'를 고민하던 모습을 또렷이 기억합니다.

　이 책에는 그 과정이 자세하게 기록돼 있습니다. 한 사람의 정치가 어떻게 한 세대의 교육과 사회를 바꾸려 했는지 그 치열한 고민이 고스란히 느껴집니다. 정치가 사람을 향할 때 세상이 어떻게 달라질 수 있는지, 교육이 바로 설 때 사회가 얼마나 건강해질 수 있는지를 곁에서 많이 배웠습니다.

　교실에서도 국회에서도 강민정 의원님은 좋은 선생님이었습니다. 교육 전문가가 아닌 제가 21대 교육위 간사를 맡았을 때, 강민정 의원님은 제게 많은 가르침을 주셨습니다. 복잡한 정책과 법안도 이해 쉽게 설명해주셨고, 현장 교육의 중요함도 깨닫게 해주셨습니다. 중요한 현안을 결정할 때마다 방향을 잡아주고 합리적인 방법을 찾아주는 길잡이 역할을 해주신 덕분에 간사 임무를 원만히 마무리할 수 있었습니다. 교육에 문외한인 제가 22대 국회 교육위원장을 수행할 수 있는 데에는 강민정 의원님의 가르침이 큰 도움이 됐습니다.

교사 출신의 전문성과 현장 중심의 의정활동으로 정치를 통해 교육을 바꿔나가는 강민정 의원님의 열정과 의지에 깊은 존경의 마음을 전합니다. 국회에서 함께했던 동료로서, 그리고 같은 시대의 교육정치를 고민해온 한 사람으로서 이 책을 진심으로 추천합니다.

_김영호(22대 국회 교육위원장)

❖

안녕하십니까. 더불어민주당 국회의원 문정복입니다.

강민정 의원과 함께 21대 국회 교육위원회에서 활동하며, 그가 얼마나 진심으로 교육을 사랑하고 얼마나 깊이 현장을 품은 분인지를 가까이에서 보았습니다. 강민정 의원은 교사이자 정치인이었습니다. 그에게 정치는 권력을 위한 자리가 아니라 아이들을 위해 반드시 바꿔야 하는 세상의 구조를 움직이는 또 하나의 교실이었습니다. 그의 의정활동은 언제나 '사람'에서 출발해 '교육의 본질'을 향해 쉼 없이 걸어왔습니다.

그는 교사들이 정치적 기본권을 온전히 누려야 교육이 더 이상 일방의 지시나 통제가 아닌, 시민적 참여와 책임의 과정으로 거듭날 수 있다고 믿었습니다. 그 믿음을 실천하기 위해 그는 누구보다 치열하게 싸웠고 때로는 홀로 외로이 버텼습니다. 저는 그가 국회 안에서 보여준 단단한 원칙을 잊지 못합니다. 교권이 무너지고 교실이 상처받은 순간마다 그는 누구보다 먼저 현장으로 달려가 교사들의 목소리를 들었습니다. 그리고 교사의 정치적 기본권이 바로 아이들의 교육권과 연결되어 있다는 사실을, 그의 언어와 행동으로 분명히 증명해 보였습니다.

《진짜 혁신교육》은 그런 강민정 의원의 신념과 여정이 고스란히 담긴 기록입니다. 교실에서 출발한 한 사람의 정치가 어떻게 국회를 움직였는지 그리고 그 과정이 왜 우리 모두의 민주주의와 맞닿아 있는지를 보여줍니다. 그의 걸음은 늘 조용했지만 단단했습니다. 그 진정성과 용기는 우리 정치가 나아가야 할 방향을 다시 일깨워줍니다.

이 책이 교사와 시민, 정치와 교육을 잇는 새로운 다리가 되길 바랍니다. 그리고 강민정 의원의 꾸준한 발걸음이 앞으로도 우리 교육과 민주주의를 밝히는 새벽이 되기를 진심으로 응원합니다.

_문정복(국회의원)

◆

안녕하십니까. 더불어민주당 국회의원 박찬대입니다.

강민정 의원은 21대 국회에서 만난 가장 선명하고 치열했던 동료 중 한 분입니다. 교육위원회에서 함께하며 교육 현안을 두고 때로는 머리를 맞대고 때로는 목소리를 높이며 치열한 시간을 보냈습니다.

함께 활동하며 가까이서 지켜본 강민정 의원은 언제나 '정치인'이기에 앞서 '교사'였습니다. 국회에는 수많은 전문가가 있지만, 강 의원처럼 현장의 절박함을 온몸으로 체화한 분은 드물었습니다. 강 의원에게 교육은 책상 위 보고서가 아니라 교실에서 만난 아이들 한 명 한 명을 위한 삶 그 자체였습니다. 그렇기에 이 책은 그녀가 왜 그토록 치열하게 싸웠는지를 보여주는 기록입니다. 그녀에게 정치는 권력을 좇는 일이 아닌, 아이들의 미래와 교육의 본질을 지키기 위한 절박한 수단이었습니다.

저는 그녀가 2020년 국정감사 때 고3 학생을 증인으로 세웠던 날을 잊을 수 없습니다. 당시 저는 교육위 간사로 있으며 학생의 발언을 지켜보았습니다. "미래를 위해 예비하는 존재가 아닌 현재를 희생하는 존재가 아닌 고유한 삶의 주체로서 바라봐달라"는 류조은 학생의 당당하고 아픈 외침이 회의장을 숙연하게 만들었습니다.

교육의 당사자인 학생들의 목소리가 정작 교육현장에서 작다는 것을, 그렇기에 한 인간으로서 존중받고 싶다는 외침에 우리 사회가 충분히 답을 하지 못하고 있음을 느꼈습니다. 그리고 이제야 알 수 있었습니다. 그녀가 고등학생을 국감장에 세웠던 이유를 말입니다. 그녀는 학생이 한국 교육의 직접적 경험자이자 당사자로서 자신의 이야기를 할 기회가 있어야 한다고 생각했고, 아이들의 외침이 어른들에게 직접 닿기를 바랐던 것입니다.

책임과 역할의 기준이 되었던 '아이들'이란 단어는 그녀의 가장 큰 원동력이었습니다. 학교를 소송 전쟁터로 만든 학교폭력 대책의 모순을 지적하고, 현장과 괴리된 법정의무교육의 폐해를 날카롭게 비판했습니다. 2023년 여름, 서이초 교사의 비극으로 온 교정이 슬픔으로 가득 찼을 때, 누구보다 먼저 교사들의 절규에 응답했고 '교권 4법' 통과를 위해 앞장섰습니다.

그녀의 활동은 교육현장에서만 머물지 않았습니다. 거제 대우조선 하청 노동자들의 집회 현장에서, 장애인 인권 활동가들의 곁에서, 그리고 이태원 참사 유가족들의 분향소에서 우리는 그녀를 만날 수 있었습니다. 이 책이 더욱 큰 울림을 주는 것은 한 초선 의원의 성과만을 이야기 하는 것이 아닌 강민정이라는 한 사람이 마주해야 했던 정치의 벽과 깊은 고뇌를 솔직하게 담아냈기 때문입니다.

아이들을 위한 예산이 삭감된 코로나 추경안에 홀로 '반대' 표를 던졌던 뚝심에서, 그리고 위성정당을 그토록 비판했음에도 정권 심판이라는 더 큰 대의를 위해 기꺼이 '자기모순'을 감내하며 위성정당의 총괄선대본부장을 맡았던 결단에서, 저는 원칙을 지키면서도 현실의 무게를 외면하지 않았던 한 정치인의 진심을 보았습니다.

이 책은 한 사람의 회고록을 넘어, '교실'이라는 민생의 현장이 '국회'라는 정치의 현장과 왜, 그리고 어떻게 만나야 하는지에 대한 생생한 증언입니다. 그녀의 치열했던 외침은 "우리의 교육은 어디로 가야 하는가"라는 새로운 질문으로 되살아나 우리의 마음속에서 다시 뛰기 시작할 것입니다. 그리고 우리 모두를 더 나은 답을 향한 다음 발걸음으로 이끌어 줄 것이라 확신합니다.

_박찬대(국회의원)

❖

"약자를 위한 정치, 사람을 위한 교육. 그 마음을 잊지 않겠습니다."

교단에서 아이들을 만나던 한 사람으로서, 국회의원으로서의 길이 얼마나 낯설고 외로운 여정인지 잘 알고 있습니다. 정치적 표현의 자유조차 제약된 교사 출신으로서, 정치로 내딛는 그 한 걸음 한 걸음이 얼마나 큰 용기였는지, 저 역시 같은 길을 걷는 사람으로서 깊이 공감합니다.

그 어려운 길을 당당히 걸어오신 분이 바로 강민정 전 의원님이십니다. 4년간의 의정활동 속에서 의원님은 언제나 힘 있는 사람보다 힘이 필요한 사람의 편에 서셨습니다. 권위보다 진심으로, 계산보다 신념으로 세상을 바꾸셨습니다. 의원님의 4년은 '약자의, 약자에 의한, 약자를 위한' 발걸음이었습니다. 화려한 말보다 꾸준한 실천으로, 정치가 사람을 위한 사랑의 언어가 될 수 있음을 보여주셨습니다. 교육에 몸담았던 이로서, 교육의 가치를 지키고 아이들과 교사, 학부모의 목소리를 누구보다 진심으로 대변해 주셨습니다. 그 따뜻한 발자취가 우리 교육의 희망이 되었고, 정치의 품격이 무엇인지 몸소 보여주셨습니다.

무엇보다 "단 한 명뿐인 교육계 출신 의원에게 절박하게 의지해야 했던 교육계에 대한 미안함"을 담은 구절에서는 저도 끝내 눈물을 참을 수 없었습니다. 유일한 교사 출신 의원이라는 외로움 속에서도, 막중한 책임감이 선배님을 버티게 했을 것입니다. 저 역시 그 마음을 본받아, 학생도 교사도 학부모도, 그리고 이 땅의 모든 국민이 조금 더 행복해질 수 있는 나라를 만들기 위해 더 치열하게, 더 따뜻하게 노력하겠습니다.

강민정 전 의원님의 헌신에 진심으로 존경과 감사를 드리며, 이 뜻깊은 책의 출간을 진심으로 축하드립니다.

_백승아(국회의원)

❖

21대 국회 교육위 4년간 함께 활동하며 지켜본 강민정은 '투사'였다. 교원의 정치기본권 문제를 비롯해 모든 현안에 그는 늘 선두에 서곤 했다. 내가 지켜본 또 하나의 강민정은 천상 '교사'였다. 교사 출신이 드문 국회에서 그는 늘 학생들과 동료 교사들에게 감정이입하는 마음 따뜻한 선생님이었다.

이 책에는 그런 그의 모습이 잘 드러나 있다.

_유기홍(21대 국회 교육위원장)

"옆에 함께 서 있기라도 하려고 왔습니다."

'윤미향을 사형시켜라' 등 나에 대한 온갖 혐오와 욕설, 심지어는 담당 판사에 대한 협박 등이 난무한 내 1심 판결이 있던 날 서부지원 앞 도로는 300여 명이 참석 예정인 집회가 준비되어 있었다. 입구에는 수많은 카메라와 취재진들뿐 아니라 극우 유투버들이 고함을 치며 포진하고 있었다. 그 자리에 윤미향과 함께 서는 것은 강민정 의원도 같은 공격에 노출되는 일이기도 했다. 그러나 강민정 의원은 피하지 않았다. 1심 판결이 거의 모두 무죄 판결이 나왔지만 법원 밖 소란은 사라지지 않았다. 그런 상황에서 누구나 피하고 싶은 내 옆자리에 강민정 의원이 함께 섰다.

강민정은 그런 사람이다. 부당한 공권력에 의해 탄압받는 사람 곁에 함께 하는 것을 두려워하지 않았고, 부정의한 권력과 권위주의적인 교육현장에 뛰어들기를 주저하지 않았다. 부당한 권력 앞에 몸을 사리지 않은 그녀의 삶은 21대 국회라는 현장으로 그대로 이어졌다. 4년 동안 교육위원회에서 그녀가 국회 밖 교실에서, 거리에서, 노동현장에서의 경험을 국회의원으로서 살아냈다.

그 살아낸 4년의 기록과 못다 한 꿈들이 《진짜 혁신교육》이 책에 담겨 있다. 원고를 읽으면서 우리나라 교육정책과 교육 관련 국가 예산이 어떻게 수립되는지, 국회는 어떻게 운영되고 있는지 관심을 가진 분들, 혹은 국회의원이 되고자 하는 분들에게 좋은 교재가 될 것이라고 믿는다. 아울러 교육과 관련한 자리에 있거나 혹은 주권자인 우리 모두에게 '국민을 위한 정부 정책과 예산 수립'을 위해 어떻게 국회를 움직이고 국회의원들에게 요구해야 하는지 길잡이 역할도 할 수 있을 것이다.

_윤미향(전 국회의원)

국회에는 정당마다 '의원 총회'라는 것이 있다. 이론상 국회의원은 모두 독립된 헌법기관이지만, 실제로는 그냥 사람이기도 하다. 분위기에 눌리고, 망설이다가 발언의 타이밍을 놓치는 일도 잦다. 내가 활동하던 21대 국회 민주당 의원 총회에는, 그럴 때마다 먼저 일어나 좌중을 압도하던 목소리가 있었다. 바로 강민정 의원이었다. 나중에 들었다. 결혼 세 달 만에 수배된 전력이 있는 열혈 교사였다고.

　대한민국 역대 두 번째 평교사 출신 국회의원이었던 강민정의 중심에는 언제나 아이들이 있었다. 사실 선진국에는 교사 출신 정치인들이 많다. 핀란드는 전체 국회의원의 약 10%가 교사 출신인 때도 있었다. 교사는 평생 미래세대의 관점으로 세상을 바라보는 훈련을 받은 사람들이다. 그래서 이들은 어쩌면 유일하게 "미래를 대변하는 현재 세대"다. 정치가 공동체의 미래를 설계하는 기능을 하기 위해서는 반드시 필요한 사람들이다.

　강민정은 국회의원 4년 임기 내내 나에게 우리나라의 미래를 이야기했다. 장기적 관점에서 변화를 모색해야 한다는 것, 교육을 바꾸지 않으면 어떤 변화도 오래가지 않는다는 것, 그리고 교육을 바꾸기 위해 해야 할 일들을 참으로 고집스럽게 설파했다. 하루하루 이슈에 편승하는 데 급급하여 '단타매매'라는 조롱을 받기도 하던 우리 정치의 풍토 속에서, 그녀의 모습이 고달파 보일 때도 있었다.

　이 책은 그녀가 천착해온 우리 사회의 여러 이슈들을 담고 있다. 학교폭력 대책이 사법 논리에 치우쳐 교육적 해결을 저해하는 문제, 학생들의 정신건강 악화 문제, 그리고 국정원 개혁법과 민주유공자법 제정 노력 등 다양한 입법 활동과 사회적 약자 권리 옹호 경험이 상세히 서술되어 있다.

  이런 그녀의 글과 말 속에는, 평생 학생들의 이름을 외우던 습관, 복도의 발자국 소리를 기억하는 감각, 아이들의 눈높이에서 세상을 바라보던 시선이 그대로 배어 있다. 그것이 그녀를 고집스럽게 만든 내공이었다. 우리 정치가 단타매매처럼 움직일 때, 강민정 의원은 장기투자자처럼 시간을 쌓았다. 단순한 신념이 아니라 평생의 실험 결과였다.

  이 책은 그 여정의 기록이자, 정치가 어떻게 '교육적'일 수 있는가에 대한 살아 있는 증거다. 그녀의 다음 장도 기대해 본다.

_이탄희(전 국회의원)

◆

  늦깎이 교사였다가 늦깎이 국회의원이 된 강민정 선생, 21대 국회 교육위에서 '교장 선생님', '민정 누나'로 불리던 분. '교육이 바뀌어야 세상이 바뀐다'는 너무도 당연한 명제를 현실에서 구현해내고자 늘 분투하였던 그의 생각과 삶이 담긴 책이 나온다니 너무 반가웠습니다.

  300명의 국회의원이 국민의 대표자로 의정활동을 한다지만, 그들이 어떤 생각으로 무슨 일을 하는지 제대로 아는 이들은 그리 많지 않습니다. 정보통신의 발달로 과거에 비해 많은 영상과 발언이 시민들께 전해지지만 국회 안에서 벌어지는 일들을 낱낱이 알기는 여전히 어렵고, 한계가 있을 수밖에 없는 일이지요. 그 와중에 탁월한 진정성과 뛰어난 품성으로 많은 의원들이 존경하고 따랐던 우리 '민정 누나'의 경험과 생각은 고스란히 21대 교육위의 역사로 남을 지점마다 커다란 자취를 남기고 있습니다.

  행복한 아이들이 꿈을 키우고 미래를 여는 주역으로 자라려면 교사들의 정치적 기본권이 보장되고 학부모들과 교육활동가들의 건강한 협력과 비판이 필요하다는 점을 늘 역설하던 분, 그 과정에서 모두가 아는 것 같지만 사실 제대로 아는 건 거의 없는 우리 교육현장의 현실과 그 안에서 빚어내는 참으로 복잡다단한 문제들의 실타래를 어떻게든 풀어보려 분투하던 강민정 의원의 모습이 지금도 눈에 선합니다.

오늘날의 교육은 사람이 고안해낸 시스템이자 제도이기에 어떻게든 좋은 성과를 남겨야 세상을 좋은 곳으로 발전시킬 수 있습니다. 그런데 우리가 알고 있는 교육과 교육 현실은 여전히 사람들의 이기심과 욕망 속에 행복한 교실에서 피어나지 못하는 게 가슴 아픈 현실입니다.

'좋은 학교'는 좋은 사람을 길러내는 곳이 아닌 합격선으로 서열화된 별도의 기득권 집단으로 인식되고, 좋은 학교를 나와야만 갖게 된다는 '좋은 직업'은 세상에 좋은 기여를 하는 이들이 하는 생업으로 인식되기보다 그저 부와 명성을 안겨줄 수 있는 지극히 세속적인 계산의 결과물로 통용되고 있습니다. 그 결과로 세계가 부러워하는 민주화와 산업화를 동시에 성취했다는 대한민국에서, 한국인 특유의 교육열로 길러냈다는 세칭 '파워 엘리트'들은 내란 세력의 일원으로 국민을 겁박하고 시민 위에 군림하려 했던 게 불과 얼마 전 일입니다.

그래서 강민정 의원의 분투와 그 흔적이 기록된 이 책이 소중하다 여깁니다. 입법 현장에서 충돌하는 각종 이해관계와 다양한 사실들이 어떻게 진실되고 정의롭게 국민을 위한 결과물을 낳을 수 있는지 고민하는, 교육현장의 여러 주체와 일꾼들에게 많은 울림을 남기는 호소로 읽히리라 믿습니다.

늘 맑은 목소리와 성실한 발걸음으로 교육위원회를 누비던 강민정 선생의 기록이 많은 분들께 생생하게 다가가는 것으로 그치지 않고, 우리 교육을 더 나은 그것으로 발전시킬 수 있도록 함께 하면 좋겠습니다.

이 책이 함께 걷는 길을 넓히고 밝히는 등대이자 신호등이 되었으면 하는 마음 간절합니다. 아니, 꼭 그리되도록 만들었으면 좋겠습니다.

_최강욱(전 국회의원)

성프란시스대학 노숙인 시화전(2022년)

거제 대우조선 파업 농성장 현장 방문 면담(2022년)

거제 대우조선 파업 농성장 현장 발언(2022년)

발달장애인 부모연대 기자회견(2022년)

3부 교육위 밖 여의도 이야기

발달·중증장애인 참사 분향소 참배(2022년)

교사 출신 사회운동가 오종렬 선생 묘소 참배

민주유공자법 통과 촉구 기자회견(2022년)

이태원 참사 희생자 합동 분향소 방문(2022년)

의원실 식구들과 광릉수목원 워크숍(2023년)

국회 전원위원회 토론(2023년)

21대 국회 마무리. 의원실 식구들과 함께(2024년)

책을 마치며

지금까지 비교적 간단하게 21대 국회 4년 시간을 정리해보았다. 글을 쓰다 보니 애초 생각했던 것들에 꼬리를 물고 이어지는 일들이 떠올라 하고 싶은 이야기들이 머릿속에서 계속 이어졌다. 더 많은 에피소드들이 떠오르기도 하고, 어떤 것들은 더 발전시켜 제도 자체를 다루고 싶은 것들도 있었다. 그래서 이 책에는 담지 못한 이야기들을 할 수 있는 다른 기회를 만들고 싶다는 생각도 든다.

국회는 우리나라 국민 모두의 일상을 규정하는 정치, 경제, 문화, 교육, 노동, 젠더, 외교 등 거의 모든 문제들이 다루어지는 곳이다. 무엇보다 550만 우리 아이들의 삶과 미래가 결정되는 곳이기도 하다. 우리 아이들은 오늘날 '행복'을 얘기하는 것이 사치스

러울 정도로 힘든 상황에 처해 있다. 우리 아이들 얼굴에 웃음이 다시 살아나도록 해야 한다.

아이들이 힘들면 교사도 힘들어진다. 교육이란 일은 결과보다 과정이 중요한 일이고, 교사 수준과 상태에 의해 결정되는 특수한 일이다. 부모에 따라 아이가 달라지듯 교사에 따라 아이가 달라진다. AI 시대라며 마치 AI가 교사를 대체할 것처럼 말하지만, AI는 교사의 교육을 보조하는 수단일 뿐이고, 수단이어야 한다. 교육은 사람과의 관계를 통해 이루어지는 일이기 때문이다.

교사들이 아이들에게 온전히 집중할 수 있는 여건, 교사들이 교육 전문성을 함양할 여유를 가질 수 있도록 하는 여건, 그리하여 교사도 아이도 함께 성장하며, 자긍심을 되찾는 교사, 교사를 신뢰하며 배움의 기쁨을 느끼는 아이들이 학교에서 살아나도록 해야 한다. 학교에서 아이들을 위해 일하는 모든 이들이 존중받는 교육 환경을 만들어야 한다. 이 모든 일은 그 자체가 교육의 일부다.

혐오와 차별 없는 학교, 아이들이 신뢰와 존중을 배우는 학교만이 혐오와 차별 없는 세상을 만들고, 신뢰와 존중이 살아 있는 세상을 만들 수 있다. 자신보다 약하고 어려운 이들의 행복에 비례해 나도 행복해질 수 있다는 공감과 연대의 정신을 배우는 일이 어느 때보다 필요한 때다. 특히 시장경제와 디지털 기술 발달로 점점 관계 단절형 삶이 강제되고 있는 때에 교육이 그 중심을 잡는 역할을 하지 않으면 안 된다.

경제 10대 강국, 민주주의 선도국, K-Culture로 전 세계인들이 선망하는 문화 선진국 한국에 걸맞은 교육 선진모델이 만들어져야 한다. 우리는 그 일을 해낼 수 있다. 우리 국민이 갖는 선한 잠재력이 교육에서 발휘되지 못하게 하는 것은 중요한 정책 실패다.

지난 2019년 이후 우리 정치는 민주주의 위기라고 하는 특별한 시기를 경과해왔다. 윤석열 출현과 침몰로 시급한 정치 현안 처리가 우선일 수밖에 없는 상황에서, 조금 긴 호흡으로 다뤄야만 하는 교육문제가 우선순위에서 밀려나는 상황에서, 300명 중 한 명뿐인 교육계 출신 국회의원 입지는 결코 넓지 않다.

반드시 22대 국회에서는 교사정치기본권 보장 입법에 성공해 교사의 시민권도 회복하고 아이들도 제대로 된 교육을 받을 수 있어야 한다. 무엇보다 더 많은 교사(출신)들이 법과 정책, 예산을 결정하는 국회에 진출할 수 있어야 한다. 특히 유·초·중등교육을 책임지는 교육청을 견제하고 협력하는 지방의회에도 교사들이 많이 진입해 교육 전문성에 입각한 의정활동이 가능해져야 한다.

나는 이제 다시 서울의 시민유권자로 돌아왔다. 그러나 인생 절반의 시간을 교육에 대해 연구하고, 고민하고, 실천하며 살아온 나는 지금도 여전히 교육계 안팎을 오가며, 공부하고, 강의하고,

글을 쓰고 있다. 또 국회에 들어가기 전에 몸담았던 교육 시민단체에서 '징검다리교사정치학교' 학교장이 되어 다시 교사들과 교육에 관심 있는 고마운 분들을 만나고 있다.

우리 교육문제는 교육계 안팎 여러 사람들의 노력으로 부분적 개선이 이루어졌지만, 안타깝게도 '교육 불가능'이라는 말이 나올 정도로 위기가 심화되고 있다. 4세 고시·7세 고시라 불리는 극단적 사교육, 극우 세력의 학교 침투, 정서 위기 학생 급증, 교권 추락 등은 교육의 근본을 뒤흔들고 있다. 우리 교육이 어디까지 왔고 어디로 나아가야 하는가를 다시 진지하게 묻고 그 답을 찾아야만 한다.

더욱이 44년 만에 겪게 된 12·3 내란으로 드러난 우리 민주주의의 취약함은 5·31 교육체제라 불리는 지난 30년 우리 교육에 대한 깊은 성찰을 요구하고 있다. 여러 정책 중 하나로 민주시민교육을 강화하자는 정도의 구호로는 해결되지 않는 더 근본적인 교육개혁을 요구하고 있다. 교육 패러다임 전체를 바꾸겠다는 정도의 변화가 아니라면 아이들뿐 아니라 우리 사회 전체가 또다시 길을 잃을지 모른다.

교육의 내용과 방법 혁신, 학교와 교사의 역할 변화, 학교 문화 혁신, 교육 행정 체계 전면 개혁 등을 정면에서, 그리고 총체적으로 마주해야 한다. 학교가 민주주의를 배우고 살아내는 공간으로 바뀌어야 한다. 교육청과 교육부는 이 변화의 계기와 여건을 제공하는 곳이 되어야 한다. 아이들이 더 이상 정답을 찾는 수동적 주체에 머물게 해서는 안 된다. 그러려면 입시도 과감하게 개혁되지 않으면 안 된다.

세상은 우리를 기다려주지 않고 시시각각 변하고 있다. 아이들이 살아갈 세상은 우리 어른들이 살아온 세상과 질적으로 달라지고 있다. 기후 위기가 그렇고, 빛의 속도로 진화하는 AI가 그렇다. 교육은 아이들이 살아갈 세상을 준비시켜 주는 일인데, 아이들이 살아갈 세상의 변화 속도는 거대한 쓰나미급으로 빨라지고 있다. 교육과정의 근본적인 변화가 필요하다. 지금은 새로운 교육을 고민해야 할 때다.

과제는 크고 많으나 현실의 변화는 더디다. 우리 아이들이 살아갈 세상을 생각하면 전 사회적인 고민과 협력이 필요하다. 무엇보다 교육현장을 잘 아는 교육 전문가들이 그 일의 맨 앞에 나서야 할 때다. 다시 돌아온 교사 출신 시민 유권자의 자리에서 시대가 요구하는 교육, 아이들에게 고통 대신 치유와 성장이 되는 교육으로 평화와 환대가 넘치는 세상을 만드는 일에 함께하고자 한다. 그 길에 주어진 역할이 있다면 기꺼이 짊어지리라 다짐한다.